대바람소리

현대수필가100인선 · 71

대바람소리

김시원 수필선

좋은수필사

■ 책머리에

수필은 누구나 부담 없이 읽고, 마음만 먹으면 직접 쓸 수도 있는 가장 친근한 문학이다. 다른 영역의 문학이 영상매체에 밀려 신음하고 있는 중에도 수필 인구만은 날로 증가하여 바야흐로 수필 전성시대를 구가하고 있는 이유도 거기에 있을 것이다.

시대적 추세에 힘입어 수많은 수필전문지, 수필동인지가 창간되고, 이에 비례하여 신진 수필가도 날로 늘어나다 보니 이제는 그 많은 작가, 그 많은 작품 중에서 문학성 높은 작품을 가려 읽는 일이 쉽지 않게 되었다. 이런 현상은 작가에게나 독자에게나 결코 바람직한 일이 아니다. 더 나아가서는 수필을 연구하는 후세들에게도 큰 부담이 될 것이다.

이런 문제를 해결하는 데는 출판인도 마땅히 한몫을 감당해야 한다는 평소의 소신에 따라, 본사가 기꺼이 그 역할을 맡기로 했다. 그 첫 번째 사업으로 시대를 대표할 만한 수필가 100인을 선정하고, 작가가 자선한 40편 내외의 작품을 수록한 문고본을 발간하여 이를 널리 보급함으로써 그 소임을 다하고자 한다.

본사는 사명감을 가지고 이 사업을 추진해 나가기로 했다. 작가 선정을 전담할 편집위원회를 구성하고 전권을 위임하여 일체의 사적인 정실이나 청탁을 배제함으로써 전문성과 공정성을 확보해 나갈 것이다.

따라서 이 기획물 속에는 작가의 문학정신뿐만 아니라, 본사의 문학사적 기여 의지와 편집위원 제위의 수필문학에 대한 애정과 문인으로서의 양심이 함께 담겨 있음을 자부한다. 다만, 작가를 선정하는 기준에는 많은 견해의 차이가 있을 수 있고, 선정 과정에서도 미처 챙기지 못한 부분이 있을 것이라는 사실만은 인정하지 않을 수 없다. 이 점에 대해서는 관계자 여러분의 양해 있으시기 바란다.

이 시리즈의 발간 순서는 작가, 또는 본사의 사정에 의한 것일 뿐 그 밖의 어떤 기준도 적용하지 않았음을 밝힌다.

본 기획물이 시대를 초월한 많은 수필 애호가들의 관심과 애정 속에 우리나라 수필문학 발전에 한 이정표가 되기를 바랄 뿐이다.

2010년 8월

좋은수필 발행인 서 정 환

현대수필가 100인선 간행 편집위원 박 재 식 최 병 호

정 진 권 강 호 형

변 해 명

| 차례 | 현대수필가100인선 · 71

1_부

2_부

3_부

4_부

1부

대바람소리

높은 하늘빛이 살갗에 차가워지면 대바람소리는 유독 가슴을 파고들어 풍죽風竹이 한껏 멋이 난다. 대는 바람소리가 나야만 대밭으로서의 본연의 구실을 다하게 되는 것 같다.

풍죽風竹은 동풍이 불면 서쪽으로 입을 모아 소문내고, 서풍이 불면 동쪽으로 귀를 쫑긋거린다. 또 남풍이 불어 올 땐 북쪽으로 사운대고, 북풍이 불어대면 남쪽으로 도망치는 발자국 소리로 스산해서 좋다.

대는 허심청절虛心淸節하여, 줄기 속은 비어 있되 허식이 없고, 단단한 마디는 절도를 지켜 긴장된 정신을 나타내준다.

대는 꾸밈이 없는 산뜻한 벽옥 같은 줄기와 늘 푸른 잎이 예로부터 군자의 정취가 있다 하여 사군자四君子에 끼었다. 그리고, 대나무는 송·죽·매松竹梅 삼우三友로 불리며, 매梅·수

선水仙·죽竹은 삼청三淸으로도 불려서 경사스러운 축의로 사랑을 받고 있다.

우리 한국인은 거의 고향마을 대나무 숲 동네에서 자라왔다.

나는 대나무 죽순과 날마다 키를 재며 어린 시절을 보내다 정이 들게 되었다. 그래서 어릴 때 동네 서당에서 붓글씨를 배우다가 대나무를 치게 된 이유도 여기에 있는 듯싶다.

묵죽필법사체墨竹筆法四體를 보면, 줄기는 전서篆書로, 마디는 예서隸書로, 가지는 초서草書로, 잎은 해서楷書와 같이 치라는 말이 전해지고 있다. 이 얼마나 멋있는 필법인가. 묵죽필법을 익히다 보면 오묘한 멋과 정취에 취하게 된다.

한 자루의 붓에 농·중·담濃中淡의 묵색이 어울려서 일필一筆로 삼묵三墨의 변화를 스스로 나타내는 이 멋이야말로 해보지 않은 사람은 그 진미를 가히 짐작이나 하겠는가. 그뿐이랴! 대바람소리에 홀려서 자세히 바라보면, 대나무는 대나무 끼리끼리 가슴과 가슴을 서로 맞부딪치고, 킥킥거릴 때의 동심적인 환상이 너무나도 즐거움에 사로잡힐 때가 많다.

대나무의 마디는 위 아래로 호응하듯, 손에 손을 맞잡는 듯도 싶고, 아스라이 이어져 가는 산울림 소리의 메아리 모양인 양 시적詩的이라서 더욱 좋다.

대나무 가지는 그 크기에 따라서 마치 사슴뿔처럼 고상하며, 더러는 물고기 뼈처럼 신통하고, 또 까치의 발톱으로도 연상케 한다. 대나무 잎은 바람이 살짝만 불어도 그 오묘하고도 무한한 변화를 주어서 신비롭고, 그 중에서도 오필비연五筆飛燕이라 하여 하늘을 나는 제비모양이라든가, 삼필비오三筆飛烏로서 까마귀가 놀라서 날아오르는 모양, 사필묘사四筆描寫로는 기러기 내리는 모양 등, 변화무쌍하여 너무나 다양하기만 하다.

대밭 풍정風情을 여러 가지로 나눌 수 있으나, 얼핏 보면 줄기가 휘는 것 같지만, 사실은 정연해서 바람에 굴하지 않으며, 마디 사이의 줄기는 굽는 일이 없고, 사람의 무릎처럼 마디 부분에서만 굽도록 되어 있다. 그리고 잎은 바람에 맞서서 수떨이는 풍죽風竹이 한층 예술적이다.

비가 내릴 때, 옆으로 누운 댓잎은 까마귀가 놀라서 숲으로부터 날아가는 듯한 우죽雨竹으로서 처량한 대竹로 운치가 있다. 햇살이 유난히 댓잎에 부서질 땐 댓잎들이 사람인人자 모양을 하게 되는 청죽淸竹이 또한 경쾌하다.

어릴 때, 어머니께 꾸중을 듣고 고개를 숙인 듯한 이슬을 흠뻑 머금은 노죽露竹이라든가, 솜처럼 새하얀 눈이 소복이 쌓인 설죽雪竹, 그 밖에 숫지디 숫진 어린이의 마음처럼 여린 약죽若竹이 천진해서 좋고, 마치 어머니의 비녀를 꽂은 듯한 큰 잎들이 두 잎으로 겹쳐진 노죽老竹은 완숙미로 마음 든든하여져서 진미가 넘친다. 이와 같은 것들은 묵죽 필법에 따른 구상화를 말하는 것이 되지만, 이보다도 이 경지를 넘어서 이미지화, 즉 추상쪽으로 승화하게 되면, 이러한 필법을 완전히 뛰어넘어야 예술의 극치에 들게 된다고도 생각한다.

'난蘭은 즐거운 기분으로 치고, 죽竹은 노여운 마음으로 친다'는 말이 새삼 느껴지며, 옛 진리에 '무법無法 중에 법이 있고, 법 중에 법이 없다'라는 말이 대바람소리를 듣거나, 묵죽墨竹을 감상하는 데 비결인 것 같다. 이처럼 필법을 초월해서 묵화를 치고 감상하는 경지에까지 들어가야만 수준에 든다고 본다.

정치도 법 이전에 도덕정치가 우선하는 것과 마찬가지리라.

대바람소리는 철 따라 천태만상으로 상상할 수 있어서 그 정취가 풍요롭다.

비바람에 시달리면서도 그 절節을 지켜 온 가을 대바람소리의 모습은 쓸쓸해서 좋고, 무더운 여름날 바람 한 점 없는 댓잎은 무겁게 늘어져서 한정閒靜을 자아내다 문득 어디서인지 양풍凉風이 불어오면 청정하게 생기를 되찾아 잠을 깬 듯한 모습이란 그렇게도 새로운 변화가 아닐 수 없다.

천지가 백설로 뒤덮인 하얀 눈 속에서 조금도 굽히지 않은 그 푸른 색은 얼마나 아름다운가. 얼마나 지조로운 색깔인가. 이 설경의 절정만은 바람도 조용히 잠들어 주기를 원하는지도 모른다.

지금쯤 시골 왕대나무처럼 키 큰 신석정辛夕汀 시인의 정원에서도 대바람이 불고 있겠지…….

파초잎에 빗소리

맑은 하늘이다.

유리알 같은 공기 속에 파초잎이 싱그럽다.

갑자기 덕진 쪽에서 먹구름이 밀려 온다.

빗방울이 뚝! 뚝! 떨어진다.

소나기는 우리집 마당가에 키 큰 파초잎을 두들겨 놓고 남고산성 쪽으로 달아난다.

파초잎은 금시에 깨끗이 세수를 하고 나선다. 희뿌옇던 빛깔이 선명한 녹색으로 윤기가 자르르 흐른다.

콩알 같은 빗방울에 얻어맞던 파초잎은 어깨들을 우쭐대고 있다. 그 속에서 피어난 황갈색 꽃송이는 더욱 미소를 띠고 있다.

파초잎에 떨어지는 빗소리를 어느 음악에 비길 수가 있으랴.

뚝! 뚝! 두들기다가 뚜둑! 뚜둑! 후두둑! 후두둑! 이읏고 뜨거운 가마솥에서 콩 튀는 소리로 박자가 빨라진다.

수은 같은 물방울이 또그르 굴러서 파초 줄기를 타고 흘러내린다.

금시에 파초 밑 북 언저리가 제일 먼저 물기로 촉촉이 젖어든다.

마당에서 놀던 누렁 닭들이 빗방울에 쫓겨 처마 밑으로 달려든다.

어느새 낙숫물이 쪼르르 흐른다.

마당가 파란 상추밭 어디서인가 뛰어나온 청개구리 한 마리가 파초 줄기에 사생결단으로 기어오르고 있다.

경사진 파초잎 위에 붙어앉아 빗소리에 귀를 열고 있다.

지금 나는 전주全州 교동校洞 오목대 밑에 우리집 마루에 앉아 파초잎에 떨어지는 빗소리를 듣고 있다. 어느 일요일의 대낮이다.

4~5미터 눈 앞에서 빗줄기에 우쭐대는 파초를 보고 있는 시원하고 즐거운 한때다.

한참 동안 빗소리를 즐기던 청개구리 한 마리가 이젠 너무나 오랫동안 쏟아지는 소나기 소리에, 잘못하면 빗물에 떠내려가지나 않을까 하는 공포심에 밀리는 듯 제법 초조한 몸짓으로 자리를 조금씩 옮기고 있다.

앞발로 빗소리를 듣고 있던 귀를 연신 닦아내고 있다.

오른발로 오른쪽 귀를 닦아내고, 왼발로 왼쪽 귀를 닦아내고 있다.

청개구리 빛깔 같은 파초잎은 청개구리의 두려운 공포감을 가리워주고 있다.

청개구리는 큰 빗물을 두려워하거니와 처마 밑에 누렁 닭들을 더욱 무서워하고 있는 것 같다.

그것을 눈치라도 챈 듯이 파초잎은 닭의 시선을 가려주는 듯이 청개구리 빛으로 더욱 푸르게 보호하고 있다.

외로이 흘러간
한 송이 구름
이 밤을 어디에서
쉬리라던고

성긴 빗방울
파초잎에 후두기는 저녁 어스름
창 열고 푸른 산과
마주 앉아라

들어도 싫지 않은
물소리기에
날마다 바라도
그리운 산아

온 아침 나의 꿈을
스쳐 간 구름

이 밤을 어디에서
쉬리라던고

한때, 애송하던 조지훈의 파초우芭蕉雨라는 시상이 머릿속에 떠올랐다.

파초는 내가 좋아하는 다년초 식물이다.

파초는 유달리 키가 커서 시각적으로 시원함을 느끼게 해서 더욱 좋다.

파초는 알맞은 비료를 적절하게 주고 아침마다 충분한 물을 주면 부쩍부쩍 키가 크는 식물이다.

파초는 2~3미터까지 크고, 기운 타원형으로 잎이 늘어져서 좋다. 이런 잎이 수 개로 모여 좌우 양쪽에서 나며, 엽심葉心에서 긴 화경花莖이 나와 여름에 황갈색 단성화單性花로 피었다가 차례로 떨어져 지는 꽃이다.

열매는 육질肉質 원주상圓柱狀이다.

잎이나 뿌리는 소갈消渴이나 황달 또는 외과外科에 약제로도 쓰이고 있다고 한다.

이 꽃은 중국이 원산지이다. 따뜻한 지방에서 관상용으로 재배되고 있다.

파초는 단자엽單子葉 식물에 속하며, 열대 또는 난대지방에서 80여 종이 자생한다고 한다.

우리나라에는 야생이 없고 관상용으로 재배되고 있다.

여름에 마루에 앉아 태극선으로 더위를 식히면서 뜨락에 파초잎을 바라보는 정취도 일품이 아닐 수 없다. 그러다가 생각에 꼬리를 물고 파초의 잎 모양으로 부채를 만들어 냈고, 또는 폭 넓은 파초잎을 그대로 구부려서 만든 부채를 파초선芭蕉扇이라고 한다.

옛날에는 의정議政이 출행할 때에 머리 위를 가리고 다니기도 했던 것으로 알려지고 있다.

파초는 많은 돈이 안 들어도 온 뜨락을 푸르름으로 가득 메울 수 있어서 좋다.

바람이 불면 푸르른 파초선이 되고 시원한 바람을 불어주어서 좋고, 비가 오면 푸르른 건반이 되어 멜로디를 내어주어서 더욱 좋다.

그윽한 푸르른 숲바다 속에서 눈에 성큼 다가서는 황갈색 꽃이 더욱 아름답기도 하다.

파초는 흔해 빠진 야생종으로 아무데서나 자라지 않는 고귀한 품종이다.

그래서 특별히 수많은 묵객들이 화선지에 옮겨 놓는 소재가 되기도 한다.

파초는 많은 사람들에게서 사랑을 듬뿍 받는 식물이다.

봄비소리 · 1

– 소쩍새에게 부쳐

속삭이듯 나래치는 봄비소리가 새벽잠을 깨운다. 은실로 내리는 봄비소리는 따뜻한 남녘에서 찾아오는 대화對話처럼 정겹다.

유리창에 빗방울이 누에고치 실 뽑듯이 피아니시모로 설킨다.

동면에서 깨어난 개미떼 처럼 줄을 이은 빗방울은 중중모리로 잦아지다가, 징소리 처럼 유리창에 물살로 번진다.

봄비소리는 흡사 대지大地의 겨울옷 벗는 소리로 들리다가 알몸으로 목욕을 시키는 소리로도 들린다.

가랑비야! 불광사佛光寺 처마 밑에 피한 나비의 숨결을 적시지 말아라.

이슬비야! 불광산 다박솔 밑에 숨은 장끼의 그 고운 날갯짓을 적시지 말아라.

옛날 옛적 인왕산 호랑이의 수염 끝에 방울로 매달리던 보슬비야!

이젠 어느 동물원의 철조망에 대롱거리고 있지나 않은지.

아니면, 어느 냇가 버들강아지의 솜털이라도 찾고 있는 것이나 아닌지.

봉래산 제일봉에 낙락장송蓬萊山 第一峯 落落長松은 눈송이가 내리는 것이 제격이지만, 천변양유세우장川邊楊柳細雨長은 오직 봄비소리로 소근거려야 할 것만 같다. 소나무는 심근성深根性의 문화를 상징하는 전통에 깊이 뿌리를 박고 있지만, 버드나무는 천근성淺根性의 문화를 상징하는 뜨내기 같은 뿌리를 박고 있는 것이라고 볼 수 있지 않을는지? 눈 속의 소나무는 금욕禁欲이요, 참고 기다려야 하지만, 봄비 속의 버드나무는 쾌락快樂이요, 처세주의자다.

옛날에 산속에서 솔잎을 씹고 사는 사람은 구도求道로 가는 고행苦行이지만, 버드나무를 꺾어서 떠나는 연인에게 주는 것은 사랑놀음인 것이다. 이같은 유래는 한漢나라 때부터 생긴 것이라고 한다. 수양제隋煬帝가 행군을 짓고 아지랑이 색깔 속에서 음란하게 놀고 있을 때, 그 강 언덕에서 나무꾼들이 심은 것은 버드나무였다고 한다. 이 같은 버드나무도 봄비 속에서 궁녀처럼 사랑을 듬뿍 받다가도, 봄바람 속에서는 그 멋을 수양제처럼 부리게 되는 것이나 아닐는지…….

개구리나 뱀의 굴 속에 봄비소리가 스며들면, 그 긴 겨울잠에서 눈을 뜨고 등허리에 봄비를 맞으러 나오겠지…… 봄비로 목욕을 한 미끈한 개구리는 겨우내 굶주린 뱀의 식욕에 불을 당기지나 않을는지…… 봄비소리에 숱한 나무들도 그 단단한 껍질을 깨고 눈을 비빈다.

봄비소리는 병아리처럼 소근댈수록 정겹다. 봄비는 때로 겨우 내내 찌들은 먼지와 때를 벗기기 위하여 주룩주룩 쏟아지다가, 실눈을 뜨는 새싹을 위하여서는 소근거려야만 한다.

봄비는 슬픈 마음의 상처를 달래기 위해서 놋날 같이 퍼붓다가도, 사랑의 우산을 위해서는 사비약거려야만 한다.

빗방울이 우산 밑 하얀 목덜미에 튕기면, 가슴 속이 파랗게 물드는 것 같다가도, 손등에 적시면 손톱 밑이 푸르게 새싹이 돋아나는 것만 같다.

이슬비가 내리면 창밖을 내다보다가도 가랑비로 설레면, 우산을 들고 거리로 나서도 좋을 것 같다. 이런 낭만은 굳이 젊은 이들만의 특권이 아니리라. 메말라가는 노인들의 권리라고도 볼 수 있지 않은가.

애정愛情은 봄비를 먹고 자라는 꽃피는 나무다.

오늘날 소위 말하는 경제전쟁이 밀고 밀리고 하는 탈주정주의사회脫主情主義社會 분위기에서는 귀설은 이야기로 들리겠지만, 가슴 설레는 봄비소리가 오늘도 불광산佛光山의 소쩍새를 피나게 울리고만 있지 않은가.

봄비소리 · 2

– 백제여인百濟女人에게 부쳐

"소쩍쩍! 소쩍쩍!"

소쩍새의 애절한 울음소리가 비에 젖는다.

4월의 봄비가 한恨 많은 내 어머니의 손길로, 실자새에서 뽑히는 명주실처럼 불광사佛光寺 기와지붕 위에 내린다.

나는 잠시, 내 우산 속을 울리는 소쩍새 소리에 넋을 잃은 채, 불광산 중턱에서 망부석望夫石이 되었다.

이슬비는 나를 하산下山이라도 시키려는 듯이 빗발이 굵어지고, 소쩍새는 나를 산꼭대기로 끌어올리려는 듯이 자꾸만 울어댄다.

나는 한 발 한 발 소쩍새 소리에 끌려 갔다.

약수터로 가는 중간쯤에 있는 영지버섯 같은 넓적바위에 이르렀다.

평소에 희부옇던 바위가 봄비에 젖어 자르르한 수석水石처럼 눈뜨고 있다.

대리석大理石 넓적바위는 수은水銀빛 이슬비를 빨아들이고 있다.

이 자리는 해가 뜨기 전 아침마다 진기홍陳錤洪 시숙부와 김문엽金文燁 전 언론인 등, 몇 사람이 모여서 차를 마시는 자리이기도 하다. 시숙부께서 동학혁명의 발상지가 정읍 고부가 아니라 고창 무장이라는 역사적 사실을 맨 처음 주장한 것이 이제는 확정이 되어, 그 사실 기사를 〈한국일보〉에서 일면을 할애, 보도한 바도 있다.

솔잎들은 물기를 머금은 채 가지마다 진녹색으로 일어선다.

겨우내 움츠리던 나목裸木들의 줄기마다에는 온통 은구슬이 매달리고 있다.

새싹들은 빗속에 불룩불룩 입술들을 방글이고 있다.

산골을 울리는 소쩍새 울음소리는 빗방울로 망울져 간다.

나를 하산下山이리도 시기려는 듯이 굵어지는 빗줄기와 산 위로 끌어올리려는 듯한 소쩍새소리의 심한 갈등의 시간이 산비에 젖고 있다.

문득 '목탁귀신'이라도 수근거리는 듯한 발 아래 후미진 구렁에서 소쩍새 소리는 그만 삼키었다.

나는 끝내 봄비에 등이 밀려 발길을 옮기기 시작했다.

"타악! 타악!"

불광사 정오正午의 예불禮佛 목탁소리는 느슨한 사물놀이의 북채처럼 세찬 가랑비를 뽑아 여전히 불광사 기와지붕 위에 은실로 퍼붓고 있다.

대웅전大雄殿 뒷쪽 산골 개천 물 위에 봄비가 삼대처럼 눕혀질 때, 나는 〈공수래空手來〉로 빗소리보다 더한 서정에 쓰러질 듯하였다.

문득 나처럼 비에 젖은 고전古典에서 나오는 '망부석望夫石'이 떠올랐다.

행상行商을 나간 남편의 밤길을 염려하여 망부석望夫石에 올라 정읍사井邑詞를 부른, 지금의 전라도 정읍지방井邑地方에서 있었던 백제여인百濟女人의 시심詩心과 시적 재능이 새삼스럽게 빛나 보였기 때문이다.

그뿐만이 아니다.

불광산을 내려오면서 연달아 〈선운산가禪雲山歌〉가 생각이 난다.

싸움터에 나가 오랫동안 돌아오지 않는 남편을 기다리다가 선운산禪雲山에 올라가서 선운산가를 지어 불렀다는, 지금의 전라도 고창지방高敞地方에서 있었던 백제百濟 때 시골 여인女人의 문재文才에 놀라지 않을 수 없다.

지금은 시문詩文은 보전되어 있지 않는다고 하지만, 아무래도 문학사文學史를 크게 빛낸 것은 사실이 아닌가.

불광산 밑에 개천은, 봄비에 물이 불어나고 있다. 이 물길은 '연신내'를 이루고, '모래내'로 이어져 한강漢江에 이르게 된다.

모래내 같은 곳은 옛날에 통과의례通過儀禮를 지내던 곳이기도 하지 않은가.

임신 8개월의 무거운 몸에, 뱃속 애기를 편편한 돌石로 대어 띠를 두르고, 바다 건너 신라新羅를 정벌하러 왔던, 일본신공황후日本神功皇后가 신라를 정벌하고 돌아가는 길에 애기를 낳아 일본日本 땅 어느 물가 모래 속에 묻었다가 일본日本 조정朝廷에 데려가 왕통王統을 잇게 한, 이 여인女人도 한국계 후손 백제여인百濟女人이 아니던가.

봄비 속 개천가에서 이런 생각들이 새삼스럽게 떠오름은, 나 또한 옛 백제였던 전라도 남원南原 출생이란 데서 연유되는지도 모른다.

이 연신내는, 아주 옛날에는 이 연신냇가 빨래터에 앉아서 빨래를 하던 사람들도, 백제 여인들이라는 것을 생각나게도 하는 곳이다. 얼마 전에는 하수도下水道와 함께 흐르는 연신내가 아니던가. 그러나, 지금은 복개공사가 끝난 아스팔트 길이다.

먼지 낀 연신내 아스팔트 길이 오늘은 봄비에 씻겨서 새까맣게 눈떴다.

바닷속에서 흑산호송이라도 캐올린 듯이 까맣게 일어선다.

차량행렬들은, 마치 흑산호송이를 누비고 다니는 바닷고기처럼 빼끔거렸다.

때로는 깊은 바닷속 고래가 해상海上에 떠올라 물을 뿜듯이 대형화물차 바퀴가 흙탕 물짱을 치고 달아난다.

봄비는 차량 행렬에도, 빌딩의 얼굴에도 한없이 한없이 내리고 있다.

봄비소리야!

한恨 많은 백제여인의 가슴 속 매듭을 실타래처럼 풀어주어라…….

봄비소리야!

백제여인에게 봄비소리 수심가로 불러주어라…….

봄비소리 · 3
- 한강에 부쳐

"사비약! 사비약!"

유유히 흐르는 한강漢江에 봄비가 사비약거린다.

남산南山 신록의 치맛자락을 터는 듯한 봄비가 한강에 몰리는가?

인왕산의 이마를 스친 듯한 봄비가 한강에 쏟치는가?

머얼리 서울의 도심都心을 둘러싼 도성都城인 '서울성곽'을 수월하게 넘어온 봄비가 오늘 따라 한강에 모꼬진다.

한강은 남 몰래 봄비 속에 아침부터 밤까지 속가슴을 한 자락, 한 올씩 풀어주고 있다.

1395년 (태조 4)에, 외침을 막기 위해 축조했던 '서울성곽'이 이제는 큰손에 끼인 작은 반지처럼 '사적 10호'로 말없이 봄비에 젖고 있다.

그 예쁜 반지에 박힌 보석처럼 찬란한 성곽의 관문關門이 오늘 따라 유난히 머리속에 떠오르곤 한다.

숙정문北大門 · 흥인문東大門 · 돈의문西大門 · 숭례문南大門 · 홍화문(동소문) · 광희문水口門 · 창의문 · 소덕문(서소문) 등, 8문(사라져 없어진 대문 포함)이 빗속에 자꾸만 생각이 난다. 그 명주 비단 같은 비바람이 한강 수면水面을 한 겹 벗기고 지나가면, 신선한 속살이 비친다.

봄비는, 어디서 왔다가 어디로 가는지 알 필요조차 없다는 듯이, 클 대로 커버린 거대한 서울을 품안에 안고 을씨년스럽게 조용히 조용히 내리고 있다.

봄비는 마치 〈한양가漢陽歌〉라도 부르는 듯이 읊조리고 있다.

봄비 가락 사이사이에는 〈한양가〉를 지어 불렀다는 한산거사漢山居士의 미소가 아른거리고 지나가는 듯하다.

〈한양가〉는 1844년 (조선 현종 10년)에 한산거사가 지은 가사歌辭로서, 작가는 서민층의 인텔리로 생각되며, 내용은 조선朝鮮의 풍물을 찬양한 것이라고 한다. 모두 1,622구句의 장편 가사로서, 서곡으로는 한양지세의 놀라움을 말하고, 관아官衙와 관직官職, 누정樓亭, 과거科擧 등을 서술하고, 결론은 역대 도읍 중에서 한양이 제일이라고 칭찬을 하고 있다 한다. 이처럼 명당인 도읍지 수도首都 서울에 봄비는 거대한 공룡 같은 권력형 부정부패가 사상 처음인 사정司正 바람에 나뒹그러져도 한눈도 팔지 않고 선사시대先史時代에 내리던 가락처럼 새침하게 사비약거리고 있다.

수많은 석기石器와 토기土器들을 사용하던 옛날 한강가 뚝섬, 강나루에 내리던 봄비인 양 오늘은 돌멘Dolmen식 고분에도, 패총貝塚, 석기, 토기들의 파편에도 영롱하게 내리고 있겠지…….

오늘을 사비약*거리는 봄비소리의 〈한양가〉는 그 때의 선사시대가 더욱 좋았다고 노래하고 있는 듯하다.

봄비 속에 느닷없는 천둥소리가 백제 · 신라 · 고구려 3국의 접경지대인 한강둑에서 쟁탈전이 벌어졌던 말발굽소리처럼 머얼리 사라져간다.

성급한 서울 거리의 각선미는 벌써 겨울옷을 벗어 던졌다. 짧은 바지와 투명한 잠자리 날갯깃 같은 긴 소매가 겨울바람의 허리를 꺾어놓더니, 오늘은 봄비바람이 옛날 숙고사 속옷처럼 한강 수면을 뒤집어 아르롱거리고 있다.

봄비는 잠자리 날갯빛으로 투명하게 현대를 조명하는데, 한강의 속옷 걷히는 수면은, 밝은 숙고사로 옛날을 비쳐주는 듯이 역사의 순환을 아름답게 보여주고 있다.

묵묵한 한강은, 지난 날의 외구外寇 침입의 환상에 몸서리치는 듯하다.

빗속에 묵묵한 한강은 "분노는 때에 따라 도덕道德이며, 용기勇氣"라고 조용히 말해 주는 듯하다.

"거룩한 분노는 종교보다 깊다"고 말한 수주樹州 변영로 시

---

* 사비약: 陳乙洲 詩 〈눈소리〉에서 처음 시도한 의성어임.

인의 말이 생각나기도 한다.

1925년 7월, 큰 분노로 일어선 홍수洪水 때, 광주군 구천면 암사리 한강가에서 수많은 석기와 토기들이 드러남으로써 석기시대에 이미 서울 일대에 사람들이 살고 있었다는 사실을 증명해 주는 듯 싶었다. 그 밖에 봄비 속에 한강의 침묵은 민족의 분노로 일어선 3.1운동을 말해 주고도 있었다.

오늘 따라 여기저기에 노오란 개나리꽃이 봄비에 씻부시다.

문득 황색黃色 조끼를 입고 지나가는 '베르테르'의 발자국소리가 한강로의 자동차 소음을 누르고 지나가는 듯 싶다.

이 비 끝에 내가 좋아하는 소월素月 시인의 진달래꽃도 활짝 웃고 내 앞에 다가오겠지…….

마음의 창

마음의 창은 이웃과 이웃으로 통하는 인간주의의 통로이다.

마음의 창은 사상과 이념, 인종과 국가를 초월하는 인정의 통로다. 그리고 인간애의 상징이며 대화의 표상이다.

창을 닫으면, 끝없는 무한대의 공간을 막아 주기도 하고, 창을 열면 다시 무한대의 공간으로 통하여 주는 존재이기도 하다.

창에는 대자연의 신비한 계절이 숨쉬고 지나가서 좋다.

구름이 와서 졸다 가고, 바람에 흩날리던 꽃잎이 잠시 입맞춤하다 흘러가고, 구슬픈 빗방울이나 스산한 바람이 살며시 다녀가기도 한다.

깊은 잠에서 상쾌한 아침을 흔들어 놓는 것도 창이요, 눈을 비비고 일어나서 맨 먼저 창문을 열면 신선한 공기와 눈부신 금빛 햇살이 아무런 대가도 없이 충만하게 방안으로 쏟아져

들어오는 것도 이 창이다.

나는 거의 창가에 머물며 살아간다.

책을 보거나 글을 쓸 때에도 창가에서이고, 붓을 들고 묵화를 칠 때에도 이 창가이다.

뜯어진 스커트 단을 손질할 때, 블라우스 단추를 달 때에도 창가에서 한다.

즐겁고 기쁠 때에는 이 창가에서 밝은 햇살을 가슴에 안아 미소짓기도 하고, 괴롭고 슬플 때에는 창가에 서서 머얼리 하늘에 나는 기러기떼에 눈물을 띄워 보내기도 한다.

깊은 밤 창가에 서서 별을 바라보며 사라져 간 많은 인류 역사를 생각해 내기도 하고, 앞으로 살아가야 할 우리들의 꿈을 생각하기도 한다. 그리하여 생활과 연결되어가는 이 창가에서 더러 신이 날 땐 자신도 모르게 노래를 부르기도 한다. 또 이웃에서 들려오는 달콤한 노랫소리가 넘나드는 곳도 이 창이다.

해가 지고 어둠이 밀려와 하루의 피로를 푸는 안식의 아늑한 밤의 요람을 갖게 해 주는 곳도 이 창이다.

이따금 창밖을 바라보면, 창은 늘 사계절의 하늘을 내 방안으로 날라와 주었다.

이 얼마나 고맙고 아름다운 창인가. 이처럼 계절은 창문에 무한한 기쁨과 조화를 이루어주고 있다.

집안에서 생명이 있는 꽃이나 새들도 이 창가에 놓게 되며,

화장대와 책상도 이 창가이고, 모두 창을 바라볼 수 있는 곳에 놓게 되어 있다.

사람이 문밖에 나서 버스를 탈 때도 창가로 앉게 된다.

망망한 바다를 항해할 때도 배의 창가에 앉기를 원하며, 푸른 하늘 위를 날 때도 비행기의 창가에 앉게 되는 것이다.

그리운 사람들과 함께 여창旅窓에 나란히 앉아 정담을 나누며, 때때로 밖을 내다보는 것도 이 창가이다.

고속버스 표를 살 때도 훤히 바라보이는 맨 앞자리의 창가를 원하게 된다. 이렇게 사람이 사는 건물이나 사람을 실어 나르는 운송수단까지도 모두 창이 있게 되는 이유를 쉽게 알 수 있는 것이다.

창문은 그 기능과 역할은 물론이요, 아름다운 미적 감동을 주고 있다.

창은 인류사회에 꼭 필요한 것이 되고 있다.

그래서 시인들도 창에 대한 시를 많이 쓰고 있는지도 모른다.

창에 부딪치는
계절의 투명한
숨소리

꽃가루가 지나가던 것도
이 창이었다

하늘을 내다보는 것도
이 창이었다.

우리 서로 의지하고
아늑한 꿈을 설계하던 것도
바로 이 창이었다.

철철이
별빛은 무더기로
이 창을 넘나들고
철철이 눈부신 햇볕이
이 창을 흔들어도

창은
한 번도 웃어본 적이 없다
창은
한 번도 울어본 적이 없다

하지만
계절의 투명한 숨소리가
창에 부딪칠 때마다

낙엽落葉처럼 쌓이는
서럽도록 아름다운

우리들의 이야기가
창가에 있다

이 시는 진을주陳乙洲의 〈창窓〉에 대한 시의 전문이다.

창은 이처럼 서럽도록 아름다운 우리들의 이야기가 머무는 곳이라는 것을 잘 보여주고 있는 예이기도 하다.

창은 많은 인간의 사연을 낳게 했고, 앞으로도 많은 인류 역사를 이룩하게 될 것이다.

옥중에서 큰 칼을 쓰고 일편단심 사랑을 위해 죽음을 기다리던 슬픈 성춘향成春香, 그 얼굴을 바라보던 이도령의 눈물의 상봉도 바로 이 창에서 이루어졌다.

왜적의 침략을 막고 조국과 민족을 위해 3.1운동에 앞장섰다 투옥된 유관순 열사가 세상을 바라보며 나라를 생각하던 곳도 이 창이었다.

'강도가 부자에게 철창鐵窓을 주라'고 결론을 내린 유진호의 〈창〉에 대한 시도 있다. 그러나 창은 창이로되 진실과 의로운 눈으로 보는 마음의 창이라야 그 아름다움을 알 수 있는 것이다.

봄의 서곡

앙상한 정원 사과나무 가지 위에 날아 앉아 새봄의 껍질을 쪼아대는 까치소리로 마당귀에 하얀 잔설이 녹아내리는 이른 아침이다.

작년 늦가을 사과가 떨어지던 그 자리에 조간신문이 '툭!' 떨어졌다.

〈미 · 소 유럽 감군 전격 합의 90. 2. 15〉라는 신문 기사가 아직은 얼어붙은 우리 한국의 마당에 중부유럽의 봄소식으로 가져다 놓았다.

신선한 충격이다.

자고나면 신문이나 TV에서 쏟아지는 기사, 집집마다 불을 지르는 뉴스로 꽉 차 오는 우울한 가슴에 미 · 소 감군 합의의 기사가 담긴 조간신문이 '툭!' 하고 떨어지는 소리는 분명히 이 봄의 서곡이 아닐 수 없다.

금년 겨울, 삼십 년만에 처음으로 많이 내린 눈이 아직도 인왕산 이마에 붕대처럼 하얗게 싸매어진 서울의 아침이다.

한국의 정치 민주화의 진통으로 머리를 앓는 인왕산, 한국의 경제 발전의 몸앓이로 머리를 썩히는 인왕산, 한국의 민생 치안의 진통으로 머리가 빠개지는 인왕산―.

오늘은 겹겹이 싸맨 붕대를 조금씩 조금씩 풀어내고 있는 것이 아마도 어디선가 분명히 봄의 진군이 몰려오고 있음을 알려 줌이 확실한 것 같다.

옛말에 인왕산 모르는 호랑이가 없듯이, 인왕산 모르는 봄의 서곡이 어디 있는가 하는 생각을 새삼스레 느끼게 한다.

남대문 시장 꽃상가에는 겨울 내내 장미, 카네이션, 국화 등 온갖 꽃들로 가득 차 있다. 그러나 그처럼 아름다운 꽃들을 보고도 한번도 봄을 느껴 본 적은 없다.

다만, 오늘 거리에서 여인들의 오버코트가 사라졌고, 화장이 짙어진 얼굴빛이나 조금은 밝아진 눈빛 속에서 봄기운을 읽을 수밖에 없다. 그동안 집세 걱정, 자녀 학비 걱정, 월동 연탄 걱정에 땅만 보고 다니던 눈을 조금은 크게 뜨고 산자락과 하늘빛을 바라보다가 입춘이 지난 하늘을 이고 선 인왕산의 잔설까지도 생각하게 되는 것을 볼 때, 자연은 어쩔 수 없이 봄을 서두르고 있는 것 같다.

갑자기 비가 내려 시야가 흐려지기 시작했다.

물 속에 비누 녹듯이 길가에 쌓인 거무튀튀한 눈덩어리들이 빗속에 서서히 녹아내려 하수구로 흐르는 소리에서도 문득 봄 기운을 느끼게 하고 있다.

비를 맞으며 버스정류장까지 걸었다.

마음이 우울했다.

아황산가스에 중독되어 내리는 비, 독한 산성에 마취되어 내리는 비, 베타 방사능 위험 수위를 넘어서 내리는 비, 이처럼 새봄을 멍들게 하는 서울의 빗소리는 아무래도 조금은 신선하게 내리는 설악산의 빗소리를 한껏 그리워지게 하는 날이다.

눈앞의 비원 담장 너머로 겨울 숲이 빗속에 실눈을 뜨는 것만 같다.

신앵은엽전新鶯隱葉轉
신연향창비新燕向窓飛
꾀꼬리는 나뭇잎에 숨어서 울고
제비는 창문을 향하여 날아온다.

상동왕相東王의 고시 구절이 멀지 않은 봄의 비원과 꾀꼬리와 제비의 앙상블을 미리 떠올리게 한다.

아황산이나 산성비가 몸에 젖어 인체에 해롭다기보다도 우선 체온을 빼앗기면 찾아들 감기가 무서웠다.

버스를 타기까지는 시간이 너무 걸려서 할 수 없이 주변의 구멍가게를 살폈다. 한참만에 비닐우산을 찾아냈다. 손수건보다는 조금 넓은 물빛 비닐우산 하나를 골라들었다.

하나에 오륙백 원으로 생각했던 것이 껑충 뛰어 무려 팔백 원이다. 한 번 쓰고 버리는 일회용 우산이 팔백 원이란 것은 너무 비싸다.

울면서 겨자 먹듯이 치솟는 물가고에 마음속으로 울면서 우산을 사 들 수밖에 없었다.

갑자기 먹빛 하늘이 머리 위에 내려앉은 듯 '우두둑…… 우두둑……' 불안한 심장까지 울려오고 있다.

아직도 봄은 따뜻한 남쪽나라에서 출발 준비를 하고 있을 정도인데, 빗소리는 성급한 봄의 서곡으로 울려 오고 있다.

일회용 비닐우산을 때리는 서울의 빗소리는 너무도 슬펐다.

변방으로 몰린 풀빵 노점 상인들도 하루의 일당이 고스란히 무너진 채 아황산가스 비를 맞으며 미 · 소 감군으로 인한 군의 철수와는 또 다른 눈물겨운 철수를 해야 할 것이다.

시장바닥 번데기장수도 산성비를 맞으며 철수해야 하고, 어느 길가에 겨울채소 장수도 베타 방사능 위험 수위의 비를 맞으며 할 수 없이 철수해야 할 것이다. 이런 걱정은 아예 아랑곳도 없는 듯이 지속적으로 비닐우산을 울리는 빗소리는 생각에 생각의 꼬리를 물게 한다.

앙상한 가로수에 지난 겨울 내내 찌들은 묵은 먼지를 씻어내는 빗소리!

주차 위반에 시달릴 대로 시달린 자가용의 지붕 위에 눌러 붙은 묵은 먼지를 씻어내는 빗소리!

인왕산의 골치 아픈 머리를 싸맨 수건 같은 잔설을 녹여 내리는 빗소리!

이 같은 빗소리 또한 누가 물어도 봄의 서곡이 아닐 수 없으리라.

우울한 가슴들이여!

어쩔 수 없이 찾아드는 이 대자연의 봄의 서곡을 맞이할 수밖에 없지 않은가.

슬프고도 아름다운 봄의 서곡이여!

우울한 시민들의 가슴에 활짝 꽃 피어다오.

서울의 봄

청둥오리떼가 무더기 무더기로 날아가 버린 한강!

을씨년스런 겨울은 가고 푸르둥한 봄은 왔건만 강물은 묵묵히 흐르기만 한다.

대학가에선 겨울새들의 뒤를 따르는 양, 일부 젊은 대열 대열들이 민주화를 향하여 날려는 듯 교문을 박차고 나서는 아침이다.

날이 밝으면 언제나처럼 드나드는 남가좌 2동 골목길이다.

오늘따라 유난히도 눈부신 햇살 속에 노오란 개나리가 높은 담장을 넘어 밖으로 늘어져 하늘거리고 있음을 새삼스럽게 발견했다.

마치 비단폭처럼 아름답다.

갑자기 서울의 봄을 처음으로 발견한 느낌이다. 그래도 내 마음은 어쩐지 어울리지 않게 꽁꽁 얼어서 풀리지가 않는다.

나는 금년 들어 촌스럽게 체중이 불어나 내의를 입지 않고도 추위를 모르고 겨울을 보냈다.

요즘도 몸에선 열이 오르고 더웁건만, 다만 마음이 추울 뿐이다.

담장 밖으로 뽐내는 개나리보다 담장 안에서 높이 고고하고 촉광을 밝히는 백목련의 고요로운 미소가 나의 시선을 끌었다.

파아란 4월의 하늘 아래 흐드러지게 속삭이는 개나리와 백목련! 어쩔 수 없이 서울의 봄은 골목 골목까지 찾아왔다는 사실을 절감하지 않을 수 없다. 그러나, 갑자기 이러한 화려한 느낌이 멀리 사라지고, 순간 꽃들이 떨고 있음을 어찌하랴. 개나리도 으스스 추위에 떠는 빛깔이요, 백목련도 옷을 벗은 여인처럼 오싹 소름이 돋아지는 순간이다.

눈으로는 아름다운 꽃을 발견하고, 머리로는 현대중공업의 노 · 학 연계투쟁, 영세주민까지 가담한 노사분규, 최루탄 가스와 화염병의 불길로 수라장이 되는 공포로운 분위기를 느끼지 않을 수가 없다. 설상가상으로 문익환 목사의 방북訪北 사건으로 휘몰아치는 강풍에 마음이 떨리지 않을 수 없다.

정치 · 경제계의 기상대, 그 기폭에 따라 학원 데모의 양상도 수시로 풍향을 달리하고 있다.

학생들의 가슴 속에는 불덩어리가 타오르고 있는지, 얼음덩어리가 얼어붙고 있는지 가늠할 길이 없다. 이렇듯 열과 냉으로 엉클어지면서 도전과 반응으로 역사는 발전한다는 말이 적

중되는 봄이기도 하다. 그러나 역사는 반드시 발전으로만 가는 것이 아닌 데서 문제가 있다.

인류 역사는 예기치 못하는 후퇴로 멸망의 길로 전락하는 수도 있다.

역사의 발전과 후퇴, 이 차이는 머리카락 같은 오차의 눈금에서 출발하게 되는 것이다. 그래서 어쩌면 서울의 봄은 선진국의 문턱에 와 있으면서도 머릿속엔 혼돈의 불확실성으로 흔들리고, 가슴 속엔 생활고에 떨고 있는 사람이 적지 않다는 사실이다.

핸들을 잡고 신호등을 기다리는 여인의 옷차림은 벌써 여름 바다를 꿈꾸는 듯 싶고, 시내버스 안에는 봄의 옷차림으로 생활에 분주하다.

대낮에 지하철에 오르면 아직도 겨울 옷차림으로 신문을 보거나, 아니면 무엇인가 사색에 골몰하고 있다.

종로 3가 파고다공원 뒷문에 이르면, 그늘진 처마 밑에 봉사 점생이가 사철 자리를 잡고 앉아 있음을 볼 수 있다. 아식노 겨울 옷차림이다. 바닥에 깔린 돗자리는 누렇게 퇴색된 채 이따금 차가운 봄바람에 들썩이고 있다.

어느 사이에 가녀린 흰나비 한 마리가 파고다공원 담장을 넘어와 점쟁이의 지팡이 끝에 날아앉아 나래를 접고, 점쟁이의 마음을 어르고 있다.

봉사점쟁이는 코앞에 봄나비가 온 것도 모르면서 국운을 점

치고, 나그네의 운명을 환하게 풀어주고 있다. 아마도 사람들은 답답할 때 점을 쳐야만 하는가 보다.

파고다공원에는 꽃들이 만발하여 하늘거리고 있지만, 벤치에 앉아 있는 할아버지들은 아직도 겨울 옷차림으로 불안스러운 추위를 벗어나지 못하고 있다. 이렇듯 파고다공원에는 봄과 겨울이 엇물려 감돌고 있다.

파고다공원에서 가까운 롯데백화점 안에는 온통 봄기운으로 꽃보다 더욱 화려하게 피어 있다. 고객들의 새까만 눈빛들은 노사분규를 깜박 잊은 채 영롱하게 빛나고만 있다. 그러나 문제는 이것으로만은 끝나지가 않는다.

롯데백화점 정문 벽 위에 장치된 정오의 종소리는 우리 역사의 전진과 후퇴의 갈림길에서 위기를 예고하고 있는 듯 싶다. 치열한 가치관의 상대성, 비정한 빈부의 차등, 처절한 희비의 쌍곡선을 알려주는 냉혹한 종소리였다. 눈물도 말라 버린 슬픈 종소리였다.

롯데백화점과 이웃을 하고 있는 남대문시장 속은 어떤가. 철 잃은 겨울상품들이 덤핑으로 쏟아져 나와 있다. 여기도 상인들은 겨울 옷차림으로 무장을 해야 하겠고, 모두가 성실하게 살려는 생존경쟁지대로 달려야 했다.

남대문시장에는 한겨울에 나와도 봄과 여름이 있고, 봄에 나와도 여름 · 가을 · 겨울이 있다. 여기 상품들은 계절과 상관없이 돌고 돌며, 사람들도 노사분규와 상관없이 밀고 당기며

땀을 흘리고 있다. 이곳 눈빛들은 계절과 시공을 초월한 오직 전진만이 있는 생존경쟁지대이다. 또 한 시대의 정권유지 차원이나, 한 시대의 당리당략의 차원이라는 어려운 말은 믿으려 들지 않고, 오직 전진만이 있는 근면 성실의 온상지대이다. 이곳 구매력은 서울 증권시세의 눈금과 함께 상인들의 가슴에 출렁이고만 있다.

"가난한 자는 복이 있나니
천국이 저희 것임이라."

그러나 세상 사람들에게 외면을 당하는 그 높은 성벽! 이는 우리 인간에게 있어서 그 높은 성벽 뒤에서 발견되는 진리가 아닐는지…….

우울한 서울의 봄이여!

너 또한 한강변에서 놀던 청둥오리떼처럼 머지않아 날아가 버리겠지…….

월백설백천지백月白雪白天地白

나는 하얀 눈 속에 한 점 자색 잠바차림으로 새벽산에 오른다.

푹푹 빠지는 눈 속! 전후 좌우를 둘러보아도 눈이요, 눈에 덮인 눈 산이 내 눈 앞에 다가와 선다.

달빛이 대낮같이 밝은 섣달 새벽 불광산佛光山! 나는 평소에 거의 아침마다 이 산에 오른다.

나뭇가지마다 만발한 설화雪花요, 길도 계곡도 없이 온통 눈으로 덮인 별유천지다. 이 불광사 입구쪽 길가엔 두 군데나 연중 생선전이 열리고 있는데, 오늘은 눈 때문인지 열리지 않았다.

서울은 시골처럼 눈이 그렇게 많이 내리지 않는 편인데, 오늘따라 폭설로 쌓여서 꼭 꿈꾸는 것 같다.

내 고향 남원南原골의 눈 속에 묻힌 지리산에 오르고 있는지? 어릴 때 꿈을 불태우던 전주全州, 눈 속에 묻힌 남고산성의

골짝을 오르고 있는지? 도무지 알 수 없는 몽중설화夢中雪花같은 순간이다. 푹푹 빠지는 눈 속에서 어찌어찌 달빛을 통해 산길을 가늠해 보면, 내가 오르는 산길이 빼나나하게 짐작되기 시작하는 아침이다.

마치 전선이 이어지면 형광등이 켜지듯이 눈 속에 묻힌 내 기억이 실낱같이 이어지면, 내가 지금 살고 있는 곳이 서울 불광산 근처라는 것을 느끼게 한다.

문득 한시漢詩의 구절이 머릿속을 스친다. 월백설백천지백月白雪白天地白속에 내 몸둥아리와 정신이 푹푹 빠져버려서인지 정신이 몽롱해졌다는 사실을 깨닫게 된다.

위를 바라보면 눈산 봉우리에 옥玉빛 하늘이 걸려 있고, 그 옥빛 하늘 아래로는 바닷속 배사구 같은 능선이 눈 시린 천지백天地白으로 가라앉아 있다.

바람 한 점 없는 고요 속에 천지백天地白으로 열리고, 천지백天地白 속에 죽은 듯이 백설白雪이 꿈을 꾸고, 백설白雪 속에 월백月白이 소리 없이 천하天下를 물들이는 시적인 새벽이다.

고요 속에 눈산이 서서히 살아 숨쉬며 일어서고 있는 것 같다.

양털 같은 백설白雪 코트를 입고 일어서는 산, 하얀 모자를 쓰고 서 있는 소나무들, 솜이불을 덮고 누워 있는 계곡, 이 모두가 은옥색 달빛으로 물들어가고 있다.

아침 약수터에 오르는 등산객들은 저마다 눈길을 내면서 산을 오르고 있다.

사람들은 추위를 잊은 채 동심童心으로 돌아간 듯 백설공주白雪公主가 되어 꿈속을 걸어가고 있는 듯하다. 저마다 백모란 꽃 같은 아침인사로, 어떤 사람은 설토화로, 어떤 사람은 배꽃처럼 빙긋이 웃고 스친다.

가파른 길에선 저마다 알라스카의 백곰처럼 엉금거리고 있다.

불광산에 모이는 할머니들의 체조장 가장자리로 어우러져 있는 개나리 덤불은 눈에 덮인 채 마치 부챗살 같은 꼬리를 펴고 거만을 떠는 백공작 같다.

약수터에 오르는 언덕배기 길 양편에 눈 덮인 다박솔마다 흰 토끼 수염처럼 솔잎들이 숨쉬고 있다.

약수터 중간쯤에 오르면 넓적한 바위가 깔려 있다. 이 바위 위에 쌓인 눈은 마치 옥양목처럼 하얗게 널려 있다. 이 눈 덮인 마당바위는 추석이나 설날 명절맞이 하는, 시골에서 흔히 볼 수 있는 광목을 표백하는 언덕배기 같다. 그 옆에 뾰죽하게 솟아 있는 작은 바위는 가스불로 커피 물을 끓일 때 바람막이로 이용되는 병풍바위다.

산 위에서 등산객들이 커피를 마시면서 누가 부르기 시작했는지 이곳을 석다방石茶房이라 하고, 사람들이 따라서 부르고 있다.

오늘은 이 바람막이 병풍바위가 하얗게 눈에 덮인 채 마치 백곰처럼 쪼그리고 앉아 눈치만 살피는 듯했다.

불광산길 동편 능선에는 눈사람이 누워 있는 모습의 산이 있다.

이마를 하늘에 맞대고, 발을 연신내 쪽으로 시원하게 뻗고 있는 모습이다. 하얀 이마가 달빛에 뚜렷하고, 조금 밑으로는 유방이 부풀어 보이고, 조금 아래로는 허리쪽 배꼽 모양으로 굽지어 있다. 발끝은 명지대학 쪽 하늘 위로 세워졌다. 이처럼 겨울의 불광산은 사람 모양의 눈사람이 누워 있는 모습으로 뚜렷한 인상파의 조각을 연상하게 한다. 사람들은 이 산을 〈임모산〉이라고 하며, 아이를 잉태한 어머니산으로 부르고 있다. 오늘따라 임모산이 눈 속에 누워 있는 모습이 신기하기만 하다. 여기에서 위로 조금 더 올라가면 구기 운동장이 있다. 이곳은 남녀노소가 한데 모여서 아침 체력을 단련시키는 편편한 운동장이다.

여기는 어느새 제설 작업이 끝나 있다. 저마다 열심히 운동을 하느라 코끝에서 뽀얀 김이 서리고 있다.

철봉, 평행봉, 역도 등 간단한 시설이 갖춰 있는 야외체육관 구실을 하고 있다. 여기서 좀더 올라가면 그 아래쪽 암벽 계곡 사이에서 약수가 터져 나오고 있다. 이곳에선 순서대로 플라스틱 물통을 한 줄로 늘어놓고 약수를 받으려고 기다리고 있다. 여기서 좌측으로 좀더 올라가면, 얼음을 깨고 냉수마찰을 하는 계곡이 있다고 한다. 오늘은 월백설백천지백月白雪白天地白으로 눈발이 계속해서 쏟아지기를 기원하는 마음이 간절한 아침이다.

2부

산심야심객수심山深夜深客愁深

먹을 갈면서, 그 농도를 기다리는 마음에 문득 한시漢詩 한 구절이 생각난다.

'산심야심객수심山深夜深客愁深'

아무도 없는 방안에서 텅 빈 마음으로 먹을 갈고 갈면, 그 먹물빛이 어쩌면 첩첩산중으로 깊어지는 것 같다.

벼루 윗목에 고인 먹물을 고루 섞어가며 힘 빼어 슬슬 먹을 갈면, 마치 깊은 계곡으로 들어서는 기분이다.

8월의 아침!

투명한 유리창을 뚫고 찾아든 햇살이 먹물 위에 부서지면, 갈고 있던 먹을 잠시 멈춰 본다.

새까만 먹물은 금시에 번뜩이는 면경이 되어서 내 얼굴을 은은하게 비쳐준다.

김삿갓이 가난한 집에서 묽은 죽 한 그릇을 받아 들고도 오히려 그 죽그릇에 거꾸로 어리는 산그림자를 사랑하노라고 시 한 수를 읊던 그런 심정은 아니지만, 어쨌든 수은水銀빛 저 면경 너머에는 얼마나 우뚝한 산맥들이 뻗어 있을까?

저 면경 너머에는 얼마나 험난한 준령과 좋은 산세山勢가 펼쳐 있을까?

좌청룡 · 우백호 · 전주작 · 후현무로 굽이굽이 서리고 있지나 않을는지…….

책상 위의 원형 회전 붓걸이에 걸려 있는 붓다 발에서 갑자기 솔바람 소리라도 들리는 듯한 착각이 일어났다.

세필細筆을 쓰는 가장 어린 붓털에서는 가녀린 숨소리가 들리는 듯 풀잎 소리로 사비약거리고, 갈대꽃만한 중필中筆에서는 갈대바람 소리로 서걱이다가, 대필大筆에서는 황작목 솔바람소리로 사운대는 것 같다.

나는 깊은 상념想念의 나래를 달고 다시 먹을 갈기 시작한다.

붓걸이 붓다발에서 부는 바람소리와, 벼루에서 이는 물소리에 수물수물 빠져든 나는, 얼마나 깊은 산속에 표류되어 있는지? 마치 실신상태에 접어들고 있는 것 같다.

진하디진한 먹물빛은 점점 나를 깊은 산속으로 끌고 들어가고 있다.

찰삭찰삭 갈아대는 먹물빛은 이랑이랑거리는 깊은 산 속으로 산 속으로 깊어만 가고 있는데, 옛날 그 시절이 떠오른다.

한창 사춘기에 내가 찾아갔던 선운사禪雲寺 도솔암이 맑은 개울소리와 함께 눈 앞에 펼쳐진다.

도솔암은 국내 어느 곳에 비하여도 조금도 뒤지지 않는 절세심경이다.

명승지는 산심山深에서만이 큰 아우성으로 일어서는 것이나 아닐는지?

깊은 바다에서라야 큰 배가 뜰 수 있듯이, 깊은 산속에서만이 절경이 탄생되는 것이라고 여겨진다.

도솔암은 많은 전설과 신비의 세계가 무지개빛으로 도사리고 있는 곳이다.

암자의 역사는 말할 것도 없고, 우선 '천질바위', '용문암'의 숨결은 산심山深에서 이뤄진 결과들이다.

도솔암의 밤은, 계곡의 솔바람소리에 울먹이고 있었다.

도솔암의 달빛은 푸른 물빛으로 산심山深을 헤아리고 있었다.

월명사月明師가 달밤에 사천왕사四川王寺로 가는 명월리明月里길을 걸으면서 피리를 불어댔던 것도 산심山深의 정서를 불러일으켰던 것이 아니던가.

지금 내가 갈고 있는 먹물빛의 농도는 산심山深을 넘어서 야심夜深으로 가라앉아 가고 있는 듯 싶었다.

먹물빛은 칠흑 같은 밤의 장막으로 소록소록 서리고 있다.

갈아놓은 먹물의 농도가 자정을 넘은 깊은 밤으로 빠져드는 것만 같다.

먹물빛은 밤의 통로로 열리고 있다.

도솔암의 밤은 깊을수록 바다 저 밑바닥으로 가라앉아가는 것 같았다.

도솔암의 밤은 민가民家를 멀리하면 할수록 그 쓸쓸함이 더욱 가슴을 애절하게 하고 있었다.

대낮같이 밝은 8월의 달밤은 뼛속까지 파고들고 있었다.

밤의 깊이는 나무 속에도 바위 속에도 사정없이 파고들었다.

달빛은 밤의 벌레들을 구슬프게 울렸고, 그 울음소리는 밤의 깊이를 은실로 뽑아 풀어놓았다.

달빛이 야심夜深을 퍼내고 있는지, 야심夜深이 달빛을 퍼붓고 있는지 나는 눈을 감아도 눈을 떠도 모를 일이었다.

내가 갈아놓은 먹빛 농담濃淡은 끝도 없는 깊은 밤을 끌어다 놓고, 그 때의 도솔암의 깊은 밤으로 빠지게 하고 있다.

이토록 야심夜深에 빠져든 내 마음은, 나도 몰래 풀잎에 매달리는 밤이슬처럼 달빛에 젖어들고 싶었다.

도솔암의 추녀끝 풍경소리는 이승과 저승을 초월한 어느 환상의 세계로 내 등어리를 밀어넣다가, 어느새 솔바람소리는 뒤도 돌아보지 않고 앞산 준령을 넘고 있었다.

나는 객수客愁 바닥에 내던져진 채 찢긴 가슴에서 달빛에 차가운 피가 뭉클하는 것 같더니, 그때 소쩍새는 도솔산을 서럽게 울리고 있었다.

산이 깊어서 밤이 깊어가는지, 밤이 깊어서 나그네의 마음이 외로운지 알 수 없는 몸부림이었다.

도솔산은 산중산山中山으로 천년千年을 하루같이 깊어 왔고, 도솔암은 끝없는 밤의 깊이를 자로 재고 있는데, 어찌 나그네인들 무량無量의 애수哀愁에 신음하지 않을 수 있겠는가.

누가 나에게 그 무슨 부질없는 생각들이냐고 한대도, 아니 다시 갓을 쓰고 사는 시대의 사고방식이라고 비아냥거린다 해도, 나는 박연암朴燕巖의 허생許生처럼 금방 제주도로 달려가 '말총'을 모조리 사재기할 오늘의 복부인들 눈으로는 돌아가지 않을 것이다.

'산심야심객수심'은 오직 이 붓 끝에 있음을 발견하게 되는 것이나 아닐는지?

학鶴의 울음

학의 울음소리를 기다리는 하늘빛은 저리도 푸르러야 하는가?

학의 울음소리를 기다리는 솔바람소리는 저리도 구슬퍼야만 하는가?

학의 울음소리 한 번 듣기 위해 천 년을 기다리다 지친 푸르른 하늘빛인가.

학의 울음소리는 가슴 조이던 하늘에 금이 가는 소리……

청자 항아리에 균열처럼 어쩌면 그토록 고풍스러울까?

학의 울음소리가 가슴에 부딪칠 땐 내 가슴도 하늘 항아리처럼 울릴 것인가.

온 마을을 축제로 울리기 위하여 수없이 두들겨 만드는 방짜! 그것이 징이 아니던가. 불에 달군 만큼 징소리는 널리 퍼지고, 망치로 두들긴 만큼 징소리는 높은 소리를 내듯이, 하늘이 넓은 만큼 학 울음소리는 널리널리 퍼지고, 하늘이 짙푸른 만큼 학 울음소리는 높이 높이 솟을 것이다.

여인女人은 잠자리를 가려서 자듯이, 학은 아무데나 앉거나 잠들지 않는다. 학은 정기 어린 푸르른 노송老松에서 쉬거나 잠깐 잠이 든다. 졸던 학의 귀에 소나무 속에서 흐르는 강물 소리가 들리면, 그 때서야 시장기에 눈을 뜨고 맑은 물이 흐르는 냇가나 연못, 파아란 풀잎이 주단처럼 깔린 초원으로 찾아간다.

학은 아무리 배가 고파도 속되게 서둘지 않는다. 아무리 배가 고파도 울지 않고, 아무거나 먹지 않는다.

학은 만반의 몸동작을 갖추고 실수가 없는 시간을 기다린다. 그러다가 1발 1중으로 먹이를 낚아챈다. 곤충, 미꾸라지, 미나리 등을 즐겨 먹는다.

학은 한두 점 먹이를 낚고는 조용히 날개를 펴고 산山을 넘어간다.

학은 먹이를 낚되 사람처럼 강을 막고 품는 싹쓸이 욕심을 내지 않는다.

우리나라 권력자들이 경기도 용인 땅을 마구잡이로 사들이는 것처럼은 절대로 하지 않는다. 그래서 학은 마음을 비우기에 천년千年을 사는지도 모른다.

학은 사람들처럼 먹이를 저장하거나 과식도 하지 않는다. 그래서 하늘도 학을 좋아한다.

하늘은 학을 연모하고 있다.

하늘은 학을 위해서 항상 파아란 가슴을 열어놓고 길을 내주고 있다.

학의 울음소리는 하늘의 댕기다.

하늘의 옷고름이다.

하늘의 고운 치맛자락이다. 아니, 학의 울음소리는 하늘의 실크 머플러다.

학의 울음소리는 하늘의 낭만이다. 멋이다.

학의 울음소리는 하늘의 사치다.

하늘의 악기다.

관악기의 울음이다.

하늘은 학의 울음소리가 없으면 얼마나 심심할까.

얼마나 쓸쓸할까.

얼마나 자지러질까.

학의 울음소리는 하늘의 심장의 고동소리요, 영혼의 맥박소리다.

학의 울음소리는 하늘의 연가요, 하늘의 본연의 목청이다.

사람의 목소리는 겸손과 교만이 엇갈릴 수 있으나, 학의 울음소리는 교만을 모른다.

사람의 목소리는 순수와 음란으로 나눠질 수가 있지만, 학의 울음소리는 순수만이 있다.

사람의 목소리는 구원과 살기로 구분될 수 있으나, 학의 울음소리는 구원만이 있다. 그래서 학의 몸짓과 울음소리는 그대로 시詩가 되는가 보다.

학의 몸짓은 하늘에서 내린 선녀仙女의 옷자락과도 같고, 끝내 풍운을 비낀 석판회색 다리는 여인의 절개와 같은 것이다. 싸늘한 외곬으로 파고드는 학의 결백증은 청백리와 같다.

푸른 하늘에는 학이 흘러야 하고, 학의 하얀 가슴 속에는 푸른 하늘자락이 흘러야 제격인 것 같다.

신들린 퉁소 소리인들 어찌 학의 울음소리를 흉내낼 수 있을까.

푸른 하늘에 흘린 학의 울음소리는 풍죽風竹의 풍상과도 같다.

푸른 하늘에 흘린 학의 울음소리는 마치 풍죽風竹의 마디처럼 보여지기도 한다.

퉁소 소리는 청백리淸白吏의 세월을 달래주고 있지만, 학의 울음소리는 청백리淸白吏의 순결을 노래하고 있다.

丹頂皓衣仙姿
眞性高標鳳侶
無心對月靜娥
有情臨風一唳

이마는 붉고 옷은 희어 신선의 모양인데
참 성품 높은 목표는 봉황과 짝함이요
마음이 없이 달을 대하니

고요한 항아 선녀 같고
뜻이 있어 바람에 임해서 한 번 우는구나

이 한시漢詩는 작자作者 미상이다. 그러나, 지금까지 전해 내려오고, 학에 대한 선명한 감각적 서정성을 잘 보여 주는 작품이다.

학은 아무데나 울지 않는 데서 그 고귀함을 더해 주고 있다.

학의 한 번 울음은 천하天下를 울려 주는 떨림이 있다.

학의 울음은 사람들의 심금을 울린다.

학의 울음은 하늘이 가슴을 열고 무량의 세월 속에서 기다리게 하는 비밀이다.

모으고 빼앗고 하는 인간의 검은 마음을 비우게 하는 비밀이다.

우리 인간은 학의 울음소리를 닮아가면서 살아가야 하리라고 생각해 본다.

학의 울음소리는 달빛을 맑게 걸러준다.

학의 울음소리는 산을 순하디순하게 머리를 빗어내려 주기도 한다.

학의 울음소리는 들판의 논밭을 고요히 잠들게 해주고, 가로 흐르는 강물을 노래부르게 하는 여명黎明이다.

바람

바람은 멋이 있다.

바람은 '끼'가 있어서 멋이 있는지도 모른다.

바람은 나비의 날개에서 일어나 꽃송이에 머문다.

나비의 날갯바람은 사랑의 심볼이다.

꽃밭에서 이는 나비의 바람기는 눈부신 햇살을 타고 마음대로 이 꽃에서 저 꽃으로 취해서 어르고 다닌다. 그러나, 정중하게 모자를 벗듯이 나래를 접고 꽃송이에 인사를 하는 멋쟁이다. 소리도 없이 조용한 신사다.

내가 어릴 때 보던 바람! 지금도 눈 감으면 내 고향의 자운영꽃 논배미가 바다처럼 열리고, 장다리꽃밭이 파도처럼 일어나는 풍경이 떠오른다.

네덜란드의 튤립밭이나 영국의 장미밭과는 다르지만, 향기

그윽한 찔레꽃밭이나 아카시아꽃 담길에서 나의 정서는 자라왔다. 그 때, 고향의 꽃밭에서 벌 나비들의 바람을 보았다. 나비를 잡으려고 자운영꽃밭에 뛰어들다 이슬에 옷을 적셨고, 장다리밭에 뛰어들다 꽃바람을 숨막히게 마셔도 보았다.

장다리밭에서 나비를 이리 쫓고 저리 쫓다가 바람을 찾게 되었고, 그 바람기에 걸려서 때로는 맹목적으로 글썽거리기도 했다.

나비의 바람기는 나비에게만 돌려야 할 것인가. 아니면 꽃의 아름다움으로 돌려야 할 것인가.

간혹 바다에서 일어난 바람이 무섭게 달려와 육지를 휩쓸다가 제풀에 조용히 잦아드는 것을 보았다. 동적인 바다는, 그 정열적인 성난 파도를 일으키는 것을 보아서도 남성적일 수밖에 없다. 그것에 비하면 정적인 육지는 내향적이고, 포근하기 때문에 여성적이라고 해도 좋을 것 같다. 그렇기 때문에 바다에서 인 바람은 육지에 돌아와서 잠이 드는지도 모른다. 어머니의 품안처럼, 애인의 가슴처럼 말이다.

바람이 성난 파도를 가르고, 폭력으로 몰고, 살벌하게 상륙하여 무차별 질타하고 다님을 볼 수 있다. 이럴 때, 육지는 많은 희생을 당하기도 한다. 이러한 폭풍은 개성적이기는 하나 희생이 너무 크다. 허나, 희생이 없는 잔잔한 미풍微風은 얼마나 멋이 있는지 모른다. 크게는 대바람소리, 작게는 솔바람 소리, 얼마나 멋이 있는가. 어느 교향악이 이처럼 멋이 있으랴.

바람은 눈으로 볼 수도 없고, 손으로 붙잡을 수도 없어서 더욱 멋이 있는지도 모른다.

바람은 손아귀에 잡았는가 하면, 어느새 흘러가 버린다.

바람은 사람들의 마음 속에도 흘러다닌다.

바람은 어찌 보면 성별性別이 없는 것 같기도 하다.

바람은 남성적인가 하면 여성적이고, 여성적인가 하면 남성적이다.

남자의 마음 속을 흐르던 바람이 어느 사이에 여자의 마음 속에도 흐르고 있는 것 같다.

바람은 요술쟁이다.

바람은 심술쟁이다.

바람은 바람끼리 충돌하고 싸우기도 한다.

바람은 즐겁기도 하고 슬프기도 한 것이다.

바람은 때로 사람을 살상시키기도 한다.

바람은 무서운 사고를 저지르기도 한다. 그래서 바람은 필요악이다. 그러나, 또 바람이 없으면 대자연이 얼마나 삭막할까. 마치 벌 나비가 날아들지 않는 꽃과 같으리라. 그뿐인가. 만약 우리 인간에게도 바람이 없다면, 어찌 될 것인가. 바람이 없다면 남녀간에도 조용하게 살다가 때가 되면 부모가 짝지어 준 사람끼리 혼인하여 의무적으로 살아 갈 것이 아닌가. 생각해 보면 답답할 것도 같고, 멋이라든가 발전 같은 것이 없지나 않을는지.

바람이 없다면 모든 상상력도 없어질 것이 아닌가. 무한한 상상력이 없다면 예술은 탄생하지 않을 것이다. 상상력이 없으면 창조력도 없어지고, 문화는 메마르기 짝이 없을 것 같다. 그렇지만 이처럼 위험한 바람은 멋이 있어야 한다.

한때, 나하고 관계된 사람이 바람을 몰고 다니던 때가 있었다. 그 바람은 시인이라는 핑계로 처음에는 장난기의 미풍이려니 생각했는데, 나중에 보니까 대단히 거친 태풍으로 불어닥치고 있었다. 이 바람은 다른 사람이 볼 땐 멋진 바람으로 보일 수도 있겠지만, 나에겐 쑥대머리 바람이었다. 그 때의 바람은 붙잡을 수가 없었다. 앞을 가로막으면 키를 넘어서 불어오고, 옆을 막으면 회오리바람으로 돌아서 불어왔다. 이 바람에 내 마음은 바닷가 산꼭대기의 소나무처럼 멋지게 휘어지기는 하였지만 고통스러웠다. 그러나, 어느만큼 지나고 보니, 그 요란했던 바람도 별것이 아님을 알게 되었다. 마치 진주를 앓는 조개처럼, 아니 고상하게 지조를 지키다가 비록 철사에 얽매여 자란 분재처럼 구부러진 소나무가 되기는 하였지만, 하나의 시심詩心을 남겨 놓은 멋으로 풀어야 했다.

이백李白이나 두보杜甫의 가슴 속에 바람이 없었다면, 지금 우리들이 그 멋진 명시名詩를 어찌 감상이나 할 수 있겠는가. 미당 서정주의 시에 나오는 〈연꽃 만나고 가는 바람같이〉는 얼마나 우리들에게 살을 찌게 하는 바람인가.

영국은 셰익스피어를 자랑하고 있지만, 우리나라도 〈춘향전〉이 있지 않은가. 이도령의 바람보다도 변사또의 불꽃 같은 바람이 없었다면, 오늘날 춘향전이 남아 있었겠는가. 변사또의 바람은 오늘날 우리의 명작 〈춘향전〉을 낳게 하여 국제 사회에서 체면을 세워 주고 있지 않은가. 바람은 이처럼 위대한 예술을 잉태하고 찬란한 문화를 이루는 힘이 된다.

바람은 대자연의 주역이다.

바람은 대자연계의 생명소이다.

바람은 무서운 고난과 슬픔을 시원하게 쓸어 가기도 한다.

바람은 때로 애수 같은 것을 가슴 속에 던져주고 달아나는 멋쟁이다.

어쨌든 바람은 멋이 있다.

연꽃바람

창밖에 햇살이 유난히 쏟아지는 아침이다.

책상 위에 화선지가 하도나 고요하니,

햇살이 내려앉아 눈부신가 보다.

화선지 위에는 아직 손바람 한 가닥도 붙지 않은 적막의 시간이다.

일필휘호一筆揮毫!

화선지 위에 휘두르는 붓바람은 "연꽃 만나러 가는 바람같이" 신나는 바람이라야 한다.

문득, 그 어느 날, 그대와 만난 일요일 오후 전주全州 덕진으로 연꽃 만나러 가는 바람이 눈 앞에 다가와 어른거린다.

그 때의 바람은 일생을 통해 그리 흔치 않은 미혼 시절의 신들린 바람이었다.

한여름 만발한 연꽃 내음은 내가 살던 전주全州 시내 교동校洞 일대의 굴더덕 같은 기와집 지붕 위에까지 넘나드는 시절이었다. 그 뿐만이 아니다. 그 때의 덕진 연꽃 내음은, 이웃 삼례읍 완주군 소재지 안팎까지도 바람에 묻어온다는 소문이 무성한 때였다.

덕진 연못은 그 때만 해도, 반은 보트를 타고 놀게 되어 있었고, 반은 안쪽으로 깊숙이 연꽃이 만발하여 홍색 바다를 이루고 있었다.

짙푸른 연잎 바닷속에 송이송이 다투어 피어 있는 아름다운 빛깔!

눈 앞에 깔리는 담홍색, 좌로 눈 돌리면 진홍색, 우로 돌리면 홍색, 아득히는 저홍색 등으로 일대장관이 아닐 수 없었다.

그대와 나의 얼굴엔 연꽃빛깔이 물들어 곱게 피어오르나니 어찌 향기에 취하지 않으랴! 다행히도 이따금 머언데서 마파람이 불어 와 설레는 마음을 가라앉혀 주곤 했다.

나는 파라솔로 따가운 햇살을 가리우고, 그는 열심히 노를 젓느라 땀을 흘렸다.

우리는 말을 잃은 채, 연꽃 향기에 취해 마치 입적入寂이라도 한 듯 싶었다.

도道를 완전히 이루어 일체의 중고衆苦와 번뇌를 끊고 불생불멸의 법성法性을 증험證驗한 해탈의 경지에 빠진 불가들을 생각해 내기도 했다.

아쉬운 햇발은 서녘으로 기울고, 달빛은 여름밤을 더욱 신비경에 몰아넣고 있었다.

그는 자꾸만 만발한 연꽃 속으로 속으로만 노를 젓고 있었다.

제법 깊숙한 곳이었다.

내세에라도 들어온 느낌이었다.

이따금 마을 개 짖는 소리로 어둠발은 서서히 짙어왔다.

대낮같이 밝은 달빛 아래, 앉은 키를 넘는 연꽃 내음 속은 더욱 고요롭기만 했다.

옷이 눅눅하게 젖어감을 느끼자, 그는 보트를 돌려 상륙작전을 시작했다.

우리는 "연蓮꽃 만나고 가는 바람같이" 연못을 떠나야 했다.

섭섭하게,
그러나
아주 섭섭지는 말고
좀 섭섭한 듯만 하게,

이별이게,
그러나 아주 영 이별은 말고
어디 내생에서라도
다시 만나기로 하는 이별이게,
연꽃 만나러 가는
바람 아니라

만나고 가는 바람같이……

엊그제
만나고 가는 바람 아니라
한두철 전
만나고 가는 바람같이……

미당 서정주未當 徐廷柱의 시,

〈蓮꽃 만나고 가는 바람같이〉가 머리 속에 스치면서 순간 내 화선지 위에는 전주 덕진연못에서 젊음을 즐기던 연꽃을 아쉬운 대로 흉내로 옮겨 보았다.

녹수홍연일타개綠水紅蓮一朶開
천화백초무안색千花百草無顏色

푸른 물에 붉은 연 한 송이가 피니
천 가지 꽃 백 가지 풀이 빛을 잃는구나.

백거이白居易의 시 한 수를 화제로 옮겨쓰고 나니, 더욱 귀소성을 느끼지 않을 수 없다.

서울의 생활이 헐떡일수록 고향이 그리워지는 것은 어쩔 수 없는 나이 탓인지도 모른다.

흉내 낸 연꽃 그림을 벽에 붙여놓고 좀 머얼리서 혼자 바라보는 마음은 흐뭇하기만 하다.

방안에는 송연묵 내음으로 가득한데, 내 눈 앞에는 덕진 연못 물빛이 아른거리고, 내 코 끝에는 짙은 연꽃 향기로 그윽했다.

의자에 앉아 따끈한 커피 한 잔을 마시면서 그림을 바라보는 순간이야말로 나에게는 가장 행복한 시간이 되기도 한다.

화선지 위의 연꽃을 바라보노라니 문득 개골산皆骨山의 산빛이 또 눈 앞에 떠오르기 시작한다.

마의麻衣의 도포자락을 휠휠 내저으며 산으로 산으로 들어가는 짚신 발자국 소리가 들려오기도 한다.

신라 경순왕의 태자太子!

이 얼마나 멋이 있는 걸음인가!

경순왕이 왕건에게 항서降書를 보내자, 이를 반대하여 개골산으로 들어가 마의를 입고 여생을 보낸 그 인생이 어찌 연꽃보다 아름답지 않으랴!

권력이 집중되면 부패도 징비례한다는 진리가 정치를 망히게 하는 것은 예나 지금이나 그렇고 그런 것 같기만 하다.

개골산은, 그 옛날 도포자락의 멋진 그 사나이의 바람이 지금도 솔바람에 쓸쓸히 나부끼고 있겠지.

개골산의 산수山水 또한 지금도 썩지 않고 맑디맑게 흐르고 있는지?

그 때의 억울함을 노래하던 슬픈 산새소리는 지금도 영롱하게 울고 있는지?

지금은 휴전선인 삼팔선으로 막혀 알 수 없지만, 한 번 가 보고 싶은 산이다. 머지않아 금강산 개발이 이룩되어 세계 관광지로 문이 열릴 때는 꼭 가 보리라는 속마음을 굳혀둔다.

연꽃은 늪이나 못의 썩은 물에서 그리 곱게 자라나는 꽃이다.

더러운 세상을 등지고 참된 선을 닦는 마의태자의 모습에서 어찌 연꽃 내음이 풍기지 않으랴.

〈에머슨〉의 말대로 "자연에서 숭배의 교정敎程을 배우는 자는 가장 행복한 사람이다."라는 것을 어렴풋이나마 느끼면서 연꽃 바람을 타고 달콤한 오수에 접어들어 꿈 속에라도 그리운 연꽃 밭을 헤매리라.

송학松鶴에 부는 바람

송학松鶴에 부는 바람은 쓸쓸한 그림이다.

그 그림이 걸린 곳은 내 외갓집 뒷동산이다.

뒷동산 소나무 끝에 4월의 하늘이 눈부시게 열리고, 그 하늘에 흐르는 솜구름은 내 어릴 적 소녀의 마음을 뭉클하게 했다.

솔바람소리는 사람을 잘 울린다. 아무 까닭도 없이 사춘기 때의 시골 소녀의 눈시울을 뜨겁게 하고, 들판 보리밭을 누비고 지나가곤 했다.

그 때만 해도 농로農路가 가꿔지지 않은 상태에서 논두렁 밭두렁으로 통하는 마을길이 고작이었다.

이따금 푸른 소나무 위에 하얀 학의 날개가 바람에 흐르듯이, 외갓집 가던 아버지의 두루마기 자락이 거울같이 맑은 못자리 물 위로 비치어 날리던 기억 같은 바람이 오늘도 불고 있어서 더욱 나를 슬프게만 한다.

송수천년松壽千年
불로장춘不老長春

소나무의 목숨은 천년이나 가고
항상 늙지 않는 봄으로 있다는데

오늘의 내 눈에서는 눈물만 하염없이 흐르고 있다.
아버지가 어머니를 찾아다니시던 때도 이 길이었다.

청송로적신靑松露滴身
동령계고송冬嶺系孤松

푸른 소나무가 이슬에 몸이 젖은 채
겨울산 고개에 홀로 쓸쓸하게 서 있네

오늘 내 눈에서는 눈물을 걷잡을 수가 없구나.
소나무는 바람이 불지 않으면 멋이 없다.
억센 강풍이 아닌 약간만 살랑대는 바람이 불어서 솔잎을 울려 줄 때만이 운치가 있다.

단정호의선녀丹頂皓依仙姿
진성고표봉려眞性高標鳳侶

이마는 붉고 옷은 희어 신선의 모양인데
참 성품 높은 목표는 봉황과 짝함이로다

무심대월정아無心對月靜娥
유정임풍일려有情臨風一唳

빈 마음으로 달을 대하니 고요한 항아 선녀고
뜻이 있어 바람에 임하여 한 번 우는구나

오늘은 유난히도 바람결에 시詩 구절이 묻어와 나를 더욱 슬프게 하고 있다.

이 소나무가 서 있는 언덕 아래로는 지금도 초등학교가 있다.

이 소나무는 자주 어린이들을 불러다가 놀이터로 잔디밭을 제공해 주기도 하였다. 그 때도 학은 자주 찾아오고 있었다.

여름이면 외할머니와 함께 마을 노인들이 모여 땀을 닦던 솔밭이었다.

어느 때는 이 잔디밭에 마을 황소들도 한가로이 놀고 있었다.

어느 때는 흑염소들도 뛰놀고 있었다.

마을 개들까지도 나와서 노는 곳이기도 했다.

가을이면 외할머니가 참깨다발을 햇볕에 세웠다가 깨알을 털기도 했다.

늦가을이면 목화木花송이 다발을 말려서 목화木花를 타는 간이 농장이 되기도 했다.

솔잎은 바람을 끌어당기고, 바람은 학의 날개를 흐르게 했다.

학의 날개는 푸른 하늘에 흰 구름을 띄우기도 하여 더욱 운치가 있다.

그래서 학鶴은 많은 시인詩人들의 가슴에 노래를 부르게 하고 있는지도 모른다.

숲 속에 내려 목욕하던 선녀仙女가
잃어버린 것

밤낮 맺혀 온 그리움에
상가집 삭망같이 서럽도록
뺀 목

허랑히 타협해 오는 풍운風雲을
끝내 비낀 다리

산수山水마다 찾고 찾아도 없어
기도처럼 눈 감아
아슴한 사연 띄움인가

천년千年 두고 수 놓은 연모戀慕
이젠 침식을 잃은 실어병失語病으로

지겨운 나날을 외면外面하면 할수록
가슴 속 한숨이 솟고

티끌 없이
싸느라히 외곬이로 파고드는 결백

언젠가는
꼭 찾아가야 할
또 그 푸른 하늘 흐름인가

이 시詩는 진을주陳乙洲의 〈학鶴〉이라는 시詩이다.

이 시詩를 애송하면서부터 학에 대한 멋스러움을 알게 되고 그리움을 갖게 되었다.

오늘은 이 시상이 유달리 머리 속을 맴돌고 눈물이 앞을 가린다.

아버지와 함께 외갓집을 찾아올 때 보던 그 때 그 뒷동산 소나무의 솔바람 소리는 변함없이 오늘도 부는데, 지금은 환히 트인 새마을 농로로 나가는 아버지의 상여 뒤를 따라 가고 있다.

아버지의 상여 위로 열린 4월의 하늘이 너무 고와서 더욱 서럽기만 하다.

용문암龍門岩고개 솔바람소리

서해안의 파도처럼 일어서는 용문암龍門岩고개 솔바람소리.

성난 파도 바람은 내 코와 입을 막고, 솔잎을 스쳐 산꼭대기로 올라간다.

용문암은 성난 용龍이 바위를 뚫고 지나갔다고 해서 용문암으로 불려오고 있다고 한다.

용문암의 신비를 알기에는 아무래도 고창군 해리면에서 선운사禪雲寺를 찾아가는 그 험준한 산 고갯길이라야 제맛을 알 것 같다.

용문암고개는 아주 가파른 고갯길이다.

어느 여름 우리 몇 사람은 더위를 피해 그 곳을 찾아 버스에서 내렸다.

해리면에서 용문암고개 쪽으로 10리쯤 올라가다가 뒤를 돌아보면 그림 같은 서해西海가 보인다.

눈 앞에 깔리는 바다 위에는 고기잡이배가 점점이 졸고, 땀방울이 비오듯 하는 한여름의 무더위가 숨결을 끊어 놓았다.

서해안 바닷바람이 솔잎에 불을 지르듯이 타오르는 솔바람 소리가 아니면 이 산고개는 힘든 코스이다.

우리 일행은 서로 열기 달아오른 홍안을 쳐다보며 솔바람에 실렸다.

솔바람소리는 천길 땅밑에서 고압의 힘으로 지하수를 뽑아 올리는 소리처럼 시원했다.

솔바람은 코와 입 가릴 것 없이 온 혈관을 뚫어 놓았고, 심장의 찌꺼기를 불태웠다.

용문암고개 솔바람은 서해안의 해풍海風이 밀어닥치는 여세로 산꼭대기까지 한숨에 오른다. 달콤한 솔바람은 옷자락을 뒤집고 머리카락을 사정없이 흐트러놓고 달아난다.

산골짝 암벽 속에서 얼음장 같은 생수生水가 이마에 부딪듯이 스쳐기는 솔바람은 금시에 땀을 개이게 하고, 뛰는 맥박을 진정시켜 놓았다.

솔바람 타고 출렁이는 매미소리가 강물에 흐르고, 매미소리에 묻어난 아카시아 향기가 산자락에 흥건하게 배어 황홀하기만 했다.

퍼드득! 느닷없이 까투리 한 마리가 하늘 높이 치솟았다. 깜짝 놀란 우리는 잠시 긴장감이 들었다.

대낮 뙤약볕이 유리조각처럼 아지랑이로 눈부시게 반짝였다.

다박솔 그늘 밑에서 더위에 헐떡이던 다람쥐의 수염이 섬섬거리다가, 우리와 시선이 마주치자 이내 저쪽 바위 아래로 후르르 날아갔다.

우리 일행은 일어서서 불개미떼를 피하여 고개를 넘어 용문龍門으로 들어섰다.

냉장고 문을 연 것처럼 시원한 용문이다. 오른쪽에 호랑이가 산다는 굴이 뚫려 있는데, 거기에서 역겨운 누린 냄새가 코를 찔렀다. 다시 아래로 조금 내려가다 보니 약수터가 있었다.

암벽 천장에서 맑은 물방울이 물 위로 떨어지는 소리가 마치 피아노 건반을 두들기는 듯이 약수터를 수놓았다.

우리는 약속이나 한 것처럼 맹감잎을 한 잎씩 따서 표주박 삼아 약수를 떠 마셨다.

공해를 모르고 사는 이 밀림지대는 금방이라도 짙푸른 녹즙이 뚝뚝 떨어질 듯이 풍요롭기만 했다.

노랑 꾀꼬리가 나무 사이사이로 숲 속에 포물선을 긋고 울어댔다.

은쟁반에 옥구슬 구르는 소리!

녹색 솔바람을 더욱 맑게 걸러주고 있는 이 신비경神秘境에 우리는 한결 경쾌한 마음으로 '천길바위' 앞에 이르렀다. 유리벽처럼 깎아지른 수직 암벽이 불상을 우러러 보았다. 불상의 배꼽 속에는 비밀의 경서經書가 숨겨져 있다고 전해오고 있다.

사람의 힘으로는 이루기 어려운 유적으로 내려오고 있다.

우리는 자연의 신비를 눈으로 즐기고 가슴 가득 채워가며 '도솔암' 뜨락에 이르렀다.

추녀 끝에 풍경소리가 은은하게 흔들리며 우리 일행을 반겼다. 그 때만 해도 관광객이 없는 시절이어서 대낮인데도 절간이 꼭 꿈꾸는 듯이 고요하기만 했다. 우리는 맑은 물이 흐르는 계곡을 찾아갔다.

도솔산을 넘어온 서해안 바닷바람은 도솔암 분지의 솔바람 소리로 맴돌아 선운사쪽 계곡으로 스쳐 흐르고 있었다.

솔바람 자락에 묻어오는 향긋한 풀꽃 내음에 고사리가 일어서고, 물살을 이는 바람결에 도라지꽃의 미소는 우리들의 마음을 활짝 열어주었다.

용문암고개를 넘어온 솔바람 소리는 우리 조상들의 발자취를 알아듣지도 못하는 웅변으로 등허리에다 사운대고만 있었다.

바람소리는 그 시대의 사투리로 한사코 옷자락에 매달려 몸부림을 쳐댔고, 끝내는 내 소매 속으로 기어들어 목덜미에 파고 들었다. 아무리 귀를 기울여도 알아듣지 못하는 사연이다.

나는 몸이 시원하다 못해 간지러웠다. 대낮 계곡의 맑은 물은 태고太古적 하늘이 내려앉아 속삭이고, 우리 일행은 속세의 티끌을 산심山心으로 닦아냈다.

용문암고개를 넘어온 솔바람 소리는 탁한 피를 맑게 하는 독경소리로 사운대고만 있었다.

하늘

하늘은 순진한 어린이의 눈망울로 빛나고 있다.

하늘은 지상에서 동경하는 인간들의 모든 꿈의 세계이다. 그 중에서도 가장 맑고 아름다운 것은 4월의 하늘이다. 그래서 옛날 우리 조상들의 슬기로 빚어낸 고려청자가 또한 4월의 하늘빛이다. 그 아름다운 하늘빛을 고려청자에 재생再生 시키기까지 얼마나 많은 지혜와 고통과 인내심으로 반복해 왔을까.

자기磁器에 처음으로 나타난 하늘빛은 또 얼마나 감격적이었을까. 상상만 해도 황홀할 뿐이다.

고려청자 항아리를 자세히 들여다보면 볼수록 그 빛과 선이 하늘을 닮았다.

고려청자는 하늘이 숨쉬고 있어서 끝없는 생동감을 느끼게 한다.

고려자기에 하늘빛을 내려 놓은 우리 조상들의 철학哲學이 조금이나마 이해가 되는 것 같다.

내가 어느 해인가 선운사禪雲寺 계곡을 찾아 더위를 잊으려고 물 속에 발을 담그고 있을 때, 문득 그 물 속에 내려앉은 하늘을 발견하고 얼마나 기뻐했던가.

선운산 봉우리에 흐르는 하늘은 또 얼마나 멋이 있었는지 모른다.

산은 산대로 하늘을 이고 숨쉬며, 하늘은 하늘대로 산을 단장해 주고 있었다.

그 뿐이랴! 여름철 변산 앞 바다는 하늘을 위해서 태어난 것 같았다.

하늘빛 바다와 바닷빛 하늘, 끝간 데 모를 가뭇한 서해바다 수평선! 바다는 어느 한 순간에도 하늘을 잊고 살 수가 없다.

하늘이 없는 바다는 주검과 같을 것이다. 멀리서 보는 바다 풍경, 백사장, 인파, 이 아름다운 조화는 하늘의 지나친 장난만 같다. "이 보다도 사하라사막을 덮어버린 그 푸른 하늘의 황홀한 경이驚異! 무덤을 깨고 헤쳐나온 놀램 같은 공동묘지 위의 하늘빛! 그 얼마나 사무치는 그리움인가."

시골 가을하늘은 더욱 요술쟁이다.

초가지붕 위에 널어놓은 빨강 고추색과 파란 하늘빛의 앙상블은 화가들의 마음을 사로잡아 놓고 만다.

고추밭이나 넓은 벼밭의 허수아비도 푸른 하늘이 좋아서 마냥 춤을 추고 있는 것이겠지.

돌각담 옆 감나무에 주렁주렁 매달린 쑥수그레한 감빛들은 또 얼마나 하늘을 갈구하는 소망인가.

가을하늘은 머얼리 달아나는 서글픔을 자아내서 더욱 좋다.

도연명陶淵明이 국화를 사랑하게 된 이유도 어쩌면 가을하늘 때문이리라.

국화의 혼을 뺀 아득히 멀어져가는 하늘빛은 시정詩情을 낳기 마련이다.

하늘이 멀어지면 사람들의 마음도 한결 들뜨게 되어 모두 여장을 꾸려 어디론가 훌쩍 떠나게 된다. 그래서 공자孔子도 주유천하周遊天下를 하게 되었겠지.

흔히 여행자들이 타향의 옥수수밭에서 향수의 눈물을 흘리는 것도 가을하늘빛이 주는 정감情感이리라.

철이 바뀌어 하얗게 뒤덮인 눈벌판에 맞닿아버린 겨울하늘은 포근한 안도의 마음을 주어서 좋다.

무겁게 내려앉은 하늘 아래, 하얀 면사포를 쓴 겨울 눈 산의 조화는 한 폭의 설경화雪景畵이다.

눈밭에 휘어진 대竹를 즐겨 그리던 운곡耘谷의 가슴에도 겨울하늘이 흐르고 있기 때문이리라.

하늘은 계절 따라 빛과 높이의 변화로 우주를 아름답게 인생을 즐겁게 해주고 있다.

하늘은 철학을 깊이 있게 사상을 살찌게 해 주고 있다.

예부터 하늘을 좋아하지 않는 영웅호걸이 없으며, 또한 시인詩人 묵객墨客이 어디 있으리요.

에덴동산의 가을 하늘빛이 너무 고와서 아담은 마음을 빼앗긴 채 사과를 따 먹게 된 것이리라.

즐거울 때는 즐거움을 만끽하도록 우리들에게 기쁨과 소망을 주는 것이 하늘이요, 서글플 때는 저리도록 아픔을 더해주는 것이 하늘이다. 또 시인에게는 무한한 상상력을 펼쳐 주고, 철학가에게는 지혜로운 정의定義를 내리게 하는 것도 하늘의 은혜가 아닐는지. 이 밖에 음악, 미술, 자연의 세계도 하늘이 주는 영향을 많이 받으리라.

삼라만상森羅萬象 모든 것을 점지하는 하나님이 계시는 곳도 역시 하늘이다. 그래서 우리 인간들은 하늘나라를 동경하게 되고 하늘나라에 가기를 원한다.

> 가라사대 진실로 너희에게 이르노니 너희가 돌이켜 어린 아이들과 같이 되지 아니하면 결단코 천국에 들어가지 못하리라.

이 얼마나 천국을 갈망하는 소치인가. 좋은 일을 하는 사람들은 자신 있게 하늘을 우러러보고 즐거움을 얻어내고 있지만, 죄를 지은 사람은 감히 하늘을 바라볼 수 없는 것이다.

하늘은 마음의 거울임을 알 수 있다.

마음이 기쁘면 하늘빛이 화사하고, 마음이 서글프면 하늘빛도 슬프게 보인다. 소망이 이루어졌을 때, 그 가슴 속엔 반드시 푸른 하늘이 흐르고 있는 것이다.

상쾌한 아침에는 창문을 활짝 열고 푸른 하늘을 맞이하게 된다.

슬픈 마음이 밀려올 땐 열렸던 창문을 닫고 고개를 숙인 채, 책상 위에 엎디거나 이불 속에 얼굴을 묻어버리게 된다. 그래서 하늘은 마음의 거울임을 말해 주고 있음을 알 수 있다.

동양 어린이들이 글공부를 할 때도 맨 먼저 하늘 천天을 배운다. 이 때부터 어린 마음에 하늘의 소중함을 알게 한다.

남자아이들이 소망의 꿈을 실은 연을 날리는 곳도 바로 이 푸른 하늘이다. 이처럼 어린이들에게 큰 꿈을 안겨주는 것이 하늘이다.

부자父子·형제兄弟 사이의 변치 않는 떳떳한 도리를 〈천륜天倫〉이라고도 한다.

고서古書에서도 〈회천정륜回天正倫〉이란 말을 쓰고 있음을 볼 때, 얼마나 하늘이 존귀한가를 비유한 말인가 알 수 있다.

순천자존 역천자망順天者存 逆天者亡. 하늘 이치를 순종하는 사람은 살고, 하늘 이치를 거스르는 사람은 망한다. 공자의 말도 일찍 하늘을 깨달은 것이다.

> 하늘의 듣는 것이 고요해서 소리도 없이 푸르고 푸를 뿐, 어느 곳에 가 찾을까 하였더니 높지도 않고 멀지도

않은 오직 사람의 마음 속에 있구나.

하늘 옛 진리에도 하늘은 모든 사람들의 가슴 속에 흐르게 하고 싶은 것이 분명하다.

어느 강변에서였다. 그이는 내 하얀 손가락에 끼어 있는 비취 가락지에서 광활한 가을 하늘빛을 발견하고 무척 기뻐했었다.

옛날에는 물론 요즘도 지아비夫의 소중함을 하늘에 비유하기도 한다.

하늘은 그 진가를 감상하는 사람만이 소유한다는 말을 굳게 믿고 있다.

산

산은 대자연의 품안에서 영원을 향해 묵념을 하고 있다.

자줏빛 미사포에 합장하고 묵묵히 기도를 올리고 있다.

진실한 산의 기도 속에 군자君子를 낳는다.

예부터 산수山水가 좋으면 큰 인물들이 나고 있다.

산은 끝없는 하늘로 숨쉬고, 넓은 바다를 발치에 두고 있다.

크고 높은 산은 구름을 허리에 두르고 태양을 거울 삼는다.

산은 기지개 한 번에 천 년이 지나고, 하품 한 번에 만 년이 흐르는 듯하다.

산은 눈 한 번 깜짝하면 1억 광년이 사라지는 것 같다.

산은 대자연을 낳는 어머니의 품안이다. 이 같은 품안에서는 우선 맑은 공기를 생산하고 신선한 물을 낳고 있다.

산은 한 번도 변질을 하거나 배반을 하지 않는다. 역적모의

도 하지 않는다.

산은 대자연을 형성하는 중요한 기둥과 골격을 하고 있다.

윤기 자르르한 자락자락의 치마폭 밑에 작은 산들을 거느리고, 그 작은 산 밑엔 또 더 작은 산을 낳게 하여 평화를 다스리며 산다. 이처럼 성스럽고 아름다운 작품 앞에 조물주의 불가사의를 영원한 미궁으로 빠뜨리게 할 뿐이다.

신의 작품 가운데에서도 가장 걸작 중에 걸작이 산이라고 본다.

이 같은 산 앞에 선 인간은 한낱 티끌로 왔다가 순간에 사라지는 미미한 존재가 아닌가.

인간은 산에서 왔다가 산으로 돌아가고 있다. 그래서 인간은 명산名山에서 태어나기를 바라고, 명산에 묻히기를 소망하고 있다. 그래서 인간은 말년末年에 조상의 묏자리를 보기 위해 명산을 찾아 나서게 되고, 자기가 묻힐 명당도 찾게 된다.

산은 하늘이 노하는 홍수를 막아주고, 사람이 애써 경작하는 농작물을 보호하고 있다.

산은 대자연의 어머니 같은 치마폭 밑에 인간이 사는 마을을 형성하고, 오순도순 생활을 하게 해준다.

산은 마을을 에두른 병풍으로 바람을 막고 도적을 막아 아늑하게 살게 해 준다.

사람이 마시고 사는 물의 생산 공급의 근원이 되어 주고, 먹고 사는 식량의 생산을 원천적으로 도웁고 있다.

추운 겨울에도 월동의 연료 해결을 도와 주고 있다.

큰 산 밑에 큰 강이 흐르고, 큰 강 언저리에는 비옥한 농토가 마련되며, 산은 항상 늠름한 자세로 모든 생물을 자라게 한다.

연약한 풀잎부터 큰 나무에 이르기까지 사랑으로 보호하며 싱싱히 살게 해주고 있다.

산은 온갖 식물이 살 수 있도록 자기의 비옥한 살덩이를 아낌없이 무제한으로 내어 주고 있다. 그러면서도 한 번도 불평을 하거나 짜증을 내는 일이 없다. 온갖 꽃들을 피게 하고 열매도 맺게 하며 숱한 약초를 자라게 하여 인간이나 동물들에게도 먹고 살게 하는 은혜로운 대상인 것이다.

사나운 가시나무나 칡덩굴도 차별없이 자라게 하며 오직 사랑으로 보호하고 있다. 이 얼마나 자비로운 어머니 같은 품안인가. 이 같은 식물뿐만이 아니다. 온갖 동물들도 마찬가지다.

미미한 벌레 울음소리로부터 꾀꼬리 · 꿩 · 매 · 부엉이 할 것 없이 모든 날짐승들도 거침없이 날아다니며, 뛰노는 큰 동물들도 마음대로 살게 한다.

산개구리, 다람쥐, 토끼, 노루, 산돼지, 너구리, 호랑이…….

사랑스러운 짐승에서부터 사나운 동물에 이르기까지 낮가리지 않고 한결같은 사랑으로 살게 한다. 어느 품안에서 이 같은 자유와 풍요를 누리며 살 수 있겠는가. 생각하면, 산은 모든 생물에 대하여 어머니 같은 역할과 사랑으로 다스리고 있음을 알 수 있다.

석가모니도 수도를 하기 위해 산을 찾았다. 그래서 많은 불교신도들을 낳게 했다.

원효의 시에—

인수불욕귀人誰不欲歸
산수도이위山修道而爲
부진애욕소不進愛欲所
전연이불귀纏然而不歸
산수수심수山藪修心隨
자신력불사自身力不捨
선행자락능善行自樂能
사신경여성捨信敬如聖
난행능행존難行能行尊
중여불간빈重如佛慳貧

사람이 누가 산 속에 들어가
도를 닦고자 아니하리요미는
나아가지 못하는 것은
사랑의 욕심이 얽혀 있기 때문이다
그러나 산에 들어가 마음은 닦지 못할지라도
자신의 힘을 따라서 선행을 버리지 말라
세상의 욕심을 버리면 성현처럼 믿고 공경할 것이요
어려운 일을 참고 이기면
부처님과 같이 존경을 할 것이다.

라는 구절을 보더라도, 산에 대한 소중함은 한눈에 알 수 있는 것이다.

뿐만 아니다.

예수도 산 위에서 내린 교훈 〈산상수훈山上垂訓〉이 있다. 또 성도들이 어려운 일이 있을 때, 산을 찾아 기도를 한다. 답답한 가슴을 활짝 열고 큰 소리로 외치며 간절히 간절히 기도를 하면, 그 기도 소리는 산허리를 맴돌아 하늘에 닿아 응답을 받는 산의 위대함을 보여주기도 한다. 그 밖에도 산은 많은 철인哲人을 낳게 했으며, 우리 인간들에게 인생의 길을 알게 해 준 것이다.

산은 인구가 폭주하면 할수록 절실한 존재인 것이다.

세계에서 유명한 명산을 찾는 등산객들이 또한 얼마나 많은가.

자신의 생명을 잃어가면서까지 산을 찾고 있다.

시인 · 묵객들도 산을 찾아 시와 그림을 창조해 내고 있지 않은가. 만약에 우리 인간에게 산이 없었다면 얼마나 삭막하고 쓸쓸할 것인가. 이처럼 소중한 산에 대하여 우리 인간은 항상 고마운 마음으로 산을 사랑해야 하며 산을 보호해야 할 것이다.

포도밭에서

8월 어느 일요일의 아침!

비 오다 개인 기린봉麒麟峰 산빛은 어찌하여 그토록 씻부시기만 했는지.

그 산빛은 완주군 구이면完州郡 九耳面에 있는 포도밭에 넘실대고 있었다.

푸르른 포도잎들도 마치 머언 산빛을 들이마신 듯한 녹색 차일로 뒤덮여 있었다.

J와 나는, 이슬 밭길을 걸으면서 물기어린 영롱한 포도알처럼 눈빛을 마주치면서도 좀처럼 말이 없었다.

그는 시詩를 썼고, 나는 소설小說을 쓰고 있었다. 그 무렵 J는 〈포도원 주변〉과 〈포도〉라는 주제主題의 시詩를 탄생시켰다.

그가 쓴 시詩 중에서, 지금까지도 내가 가장 애송하는 시詩

가 바로 이 〈포도〉이다.

포도

핏빛으로
넘치는 글라스

꽃처럼 타오르는
화답和答하는 숨소리

주체 못할 부끄럼 나누고
죽은 듯이 취한 맞단 볼

몇 십리十里 밖에 고요로
침잠沈潛되어 가는 혈관血管

이와 달리, 그 때 나는 소설적으로 서술하던 한 가지 내용이 있었다.

J는 "비가 개이고 구름도 사라졌는데, 무슨 용이 하늘에 오르는가?"하고 반론이 있었다.

그 내용인 즉 요즘 내가 문인화를 그리면서 화제를 쓰다가 문득 홍성도洪性濤의 한시漢詩를 발견하게 되어 새삼스럽게 지난 날이 떠오르곤 한다.

청경황엽여용체靑莖黃葉女龍體
대타소주취감향大朶小珠聚甘香
푸른 줄기 누른 잎이 용의 몸과 같은데
큰 송이 작은 구슬이 단 향기를 모았어라

이따금 시원한 바람이 포도잎을 스칠 때마다 그는 "저 푸르디푸른 물빛 하늘 한 자락을 우리의 가슴에 영원히 흐르게 하자"고 약속해 주었다.

지금 생각하면, 그 때 나는 이러한 파아란 하늘이나, 푸른 청포도처럼 달디단 시상詩想에 가늠없이 빠져들어가고 있었다.

그 청포도 송이송이에 망울진 물방울마다에는 무수한 태양太陽들이 저마다 내려앉아 보석처럼 빛나고 있었다.

그 때, 구이면九耳面 일대의 포도밭은 완숙에 접어들어, 그와 나는 흡사 포도주 향에 취해 드는 듯도 싶었다.

"예술은 인간의 빵이 아니라 할지라도 적어도 포도주다."라는 장·파울의 명언名言이 생각나기도 했다.

나의 머릿속에는 순간 순간 기쁨과 슬픔이 드나들고 있었다.

우리는 약혼 파티 때, 청포도로 빚은 샴페인을 터트리기로 굳게 약속도 했었다.

〈클레오파트라가 풀어놓은 진주와 같이 백옥白玉처럼 거품이 이는 샴페인!〉부라보! 혼자서 가슴 흐뭇하다가도 공연히 포도넝쿨에 붙은 메뚜기 가슴처럼 두근두근 뛰기도 했다.

때마침, 저 멀리 농가에서 솔바람 소리에 실린 술참 때의 낮닭 울음소리가 구슬프게 들려왔었다.

"클레오파트라의 사랑은 말로 이루어지고 말로 깨졌다"는데, 우리도 혹시 아름다운 시나 소설로 되어 버리는 것이나 아닐는지…… 하는 부질없는 생각도 해 보았다.

이럴 때마다 느끼는 것은, 애정이란 궁극에 다다르면 희비喜悲가 교차된다는 사실을 새삼 느끼곤 했었다.

"햇볕 실컷 뒹굴다 가버린 포도원 주변에서 우리의 몸에서도 씨잉하니 햇볕 내음이 뉘였거렸다.

남풍도 소쩍새도 아리잠직하게 숨어버린 해 설핏한 석양에 너와 나 그리고 청포도, 모두가 투명하게 성숙되어 가고 있었다."

세계에서 가장 생산량이 많기로 유명한 것도 바로 이 포도로 만든 식품이 아니던가.

건포도 · 잼 · 젤리 · 과즙 · 포도주 등, 많은 사람들이 즐기는 식품들이다.

포르투갈에서는 포트와인을 즐겨 마신다 하며, 프랑스 에페르네 지방에선 샴페인을 경쾌하게 터치고 있다고 한다.

우리나라도 요즘은 경사날에 샴페인을 많이 터치고 있지 않은가.

저 멀리 장대 같은 그림자가 비치는 정막한 노을빛 속에 우리는 뚜벅뚜벅 황소처럼 들녘을 나섰다. 제법 시장기가 들고 해서, 그가 자주 찾는 중국中國집에 따라들어갔다. 그 집의 메뉴는 샴페인은 해당이 없고, 고량주와 탕수육이었다.

"청동은 모양을 비추는 거울이지만, 술은 마음을 비추는 거울이다"는 아이스퀼로스의 말처럼, 그와 나는 서로 마음의 거울이 환하게 비치고 있었다.

인생人生은 빈 술잔
주단 깔지 않은 층계
……

유명한 어느 시詩 구절이지만, 반대로 J의 마음의 거울에 비춰진 것은 잔이 넘치고 층계는 주단이 깔려 있었다.

적어도 이몽룡처럼 춘향을 옥에다 하룻밤 더 재우는 교태를 부리지 않으리라는 확신이 보였다.

그뿐이랴.

천금을 주고도 중국 소저中國 少姐의 정조를 범하지 않은 우리나라의 멋진 사나이 통사通事 홍순언洪淳彦처럼, J의 마음의 거울에도 신사의 미소가 어른거리고 있었다.

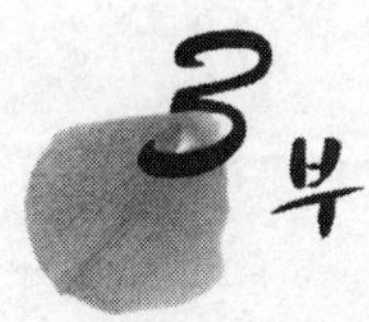
3부

묵향墨香

먹을 갈 때처럼 즐거움은 없다. 온갖 시름 다 잊고 정좌를 하여 먹을 갈 때, 먼저 코에 스며오는 묵향墨香은 전신에 전류가 흐르듯이 말로 표현하기 어렵도록 상쾌감을 느끼게 한다.

묵향이 온몸에 스며 올 때마다 문득 어린 시절로 되돌아가곤 함을 어찌하랴!

앞산에도 진달래 뒷산에도 진달래, 진달래꽃으로 불붙어 타오를 때, 들로 산으로 뛰어 놀고 싶은 어린 나이에 아버지 등에 업혀서 마을 서당으로 끌려가 붓글씨를 쓸 때, 더러 달기똥(닭똥) 같은 눈물을 뚝! 뚝! 떨구던 시절을 생각하면, 지금은 역으로 생각되어 작고하신 아버지의 고마움에 눈시울이 뜨거워지기도 한다. 그때, 두 손에는 먹물이요 옷에도 먹빛이었다. 그처럼 멀미를 앓던 묵향이 지금은 무척 좋아졌고 친근감이 든다.

서당의 진통기를 마치고 나자마자, 또 다시 초등학교에 들어가서도 향 냄새를 맡게 되었다. 그 때는 돔보잠자리 연필의 빨강 살을 깎던 기억이 난다.

연필을 깎으면 어김없이 서당에서 맡던 향내가 코에 스며들었다.

희미한 연필심을 혀 끝으로 침을 꼭꼭 묻힐 때도 향香내는 여전히 짜릿하게 코에 스며왔었다.

인생人生이 기우뚱한 지금 나이에도 먹을 갈면서 온몸에 스며오는 향내음에 그 때 그 시절로 되돌아가기 일쑤다.

묵향은 흔히 시골 우물가에서 많이 볼 수 있는 향나무를 연상케 한다.

향나무에는 곱향나무, 노간주나무, 연필향나무, 향나무 등이 있는데 그 중에서도 향나무 냄새가 으뜸이다.

먹은 한국제, 중국제, 일본제가 있는데, 송연묵松烟墨과 유연묵油煙墨으로 나눠져 있다.

송연묵松烟墨은 푸른 빛을 띠고, 유연묵油煙墨은 동유桐油, 마자유麻子油를 태운 철매로 만들되, 다색茶色 빛이 나는 게 특성이다.

좋은 먹은 먹물이 잘 퍼져야 한다.

먹은 검지만 담묵淡墨으로 보면 본질적으로 색이 나타나게 된다.

수묵화의 생명은 먹빛의 수윤秀潤과 농담濃淡의 아름다운 변화에 있으며, 또한 화선지와 먹의 조화로 희미하게 보이는 정감을 동반하면서 조형공간을 채워 주는 먹의 농담濃淡과 화지

畵紙의 백색白色과의 선율에 따라 생기는 여백餘白의 아름다움에 있다고 하겠다.

수묵화의 독자성은 묵색의 동적動的인 요소와 백색화지白色畵紙의 정적靜的인 요소가 서로 상극하는 선율이 〈실實〉과 〈허虛〉의 일순간의 응결을 이루는 생명적인 기운氣韻이 마치 가야금 줄을 뜯는 듯한 긴장된 경쾌감의 공간 조형미가 풍겨야 한다. 이처럼 가야금 줄과 소리의 흐느끼는 떨림처럼 난蘭 또한 이러한 이미지가 담겨져야만 멋이 있다고 본다.

"이미지란 사람의 마음속에 떠올리는 시각적 드라마"라는 말처럼 무한한 상상력을 부여해야만 한다고 본다.

수묵화에서도 이제는 한 번 보면 끝나버리는 싱거운 사진 같은 그림보다는, 생각을 담는 이미지적 경지에 이르도록 개발 창조해야 하지 않을까 생각된다.

문헌에 보면 남제南齊 때의 사혁謝赫은 고화품록古畵品錄에서 그림의 육법六法에—

1. 기운생동氣韻生動
2. 골법용필骨法用筆
3. 응물상형應物象形
4. 수류부채隨類賦彩
5. 경영위치經營位置
6. 전모이사傳模移寫 등이 있다고 한다.

이 육법六法 중에서 골법骨法 이후의 것은 후천적으로 배워서 익힐 수가 있지만, 맨 처음의 기운생동은 배워도 익힐 수 없는 선천적으로 타고난 천품이라고 말하고 있다. 이렇게 생각할 때, 모필毛筆로 그은 한 줄의 묵선에 의한 난蘭의 잎에도 생명감이 깃들어 있어야 함을 느낄 수 있다.

자연 속에 있는 생명生命이나 기운에 입각한 단순한 하나의 묵선에도 작가의 깊은 개성과 정신이 담겨져 있어야 함은 물론이다. 그 밖에 당唐의 남종화南宗畵의 시조로 알려지고 있는 왕유王維도 산수역山水譯이라는 책에서 말하기를 수묵화가 화도畵道 중에서 최고의 것이라고 말하고 있음을 볼 수 있다. 이 수묵화의 유현幽玄하고 청상淸爽하며, 소박素朴하고, 고담枯淡한 화경畵境은, 서도와 함께 동양인의 마음속에 면면히 흘러, 그 지역 민족정신과 융합하여 유구하게 발전되어 왔음을 알 수 있다.

자세를 바르게 하고 풍아風雅에 마음을 맡겨 버리고, 화경청적和敬淸寂의 오도悟道에 통하여 담담하게 붓을 쥐면, 자기 자신의 우주宇宙로 통하게 되고, 자신의 인생人生을 깊게 하여 정신미의 가치를 드높게 할 수가 있을 것이라고 말하고 있다.

인생은 죽기 전에 무엇인가 저마다 분신적인 것을 만들어서 세상에 남겨 놓고 싶어하는 본능을 타고나는지도 모른다.

문인화를 배우다 보니 자연히 묵향을 대하게 되고, 만 가지의 사색을 동반하게 된다. 이처럼 묵향은 인생을 즐겁게 하고 인생을 자각케 하고, 생각을 건실하게 함을 알 수 있다.

어디를 가서 수묵화 한 점쯤 걸려 있음을 볼 때, 그 집안의 분위기가 한결 운치가 있으며 마음의 여유를 느끼게도 한다.

즐비한 첨단기술에 의한 생활 도구의 편리함은 말할 것도 없으려니와 여기에 빠져서는 안 될 정신문화의 중요성도 참작해야 할 줄 안다.

한 점의 수묵화에서 묵향을 사랑할 줄 아는 정서의 함양으로 마음과 정신에 살이 찐다는 사실을 잊어서는 안 될 것 같다.

어느 한 가정주부에게서도 비누 내음만 풍기는 것보다 한 점의 문인화를 걸어놓고, 은연중 자녀 교육에 영향을 주는 전통의식이 필요한 것 같다.

상승되는 물질풍요 시대에 발맞춰서 정신과 물질의 균형을 이루는 데 인류人類의 행복幸福이 기약되지 않을지.

우리는 물질의 풍요에서 오는 공포로운 정신적 타락을 막는 데 소홀해서는 안 될 것 같다.

묵향은 우리 인생人生에 있어서 영원永遠을 흔들어 놓는 생生의 향기이기도 하다.

설중매雪中梅

솜처럼 부드러운 햇살을 향한 곳에 추운 바람을 견디고 두어 가지가 먼저 눈 속에 피기 시작하는 것이 매화梅花다.

그 때, 산뜻한 생기生氣와 품격品格이 솟아오르고, 그 중에서도 한국호랑이 수염처럼 강한 인상을 주는 것이 바로 화예花蕊이다. 마치 호랑이 수염 끝에 눈송이를 달고 이른 새벽에 대밭에서 나오는 인상과도 같다.

매화梅花는 눈물이 쏙쏙 나도록 추운 무서리 속이라든가 손가락이 꽁꽁 어는 강추위에, 모진 바람 속에서 용케도 견디어 내고 있다가, 어느 꽃보다도 제일 먼저 앞장서서 꽃을 피워 맑은 향기를 풍긴다.

줄기는 창룡蒼龍처럼 눈 속에 서리다가 일어서서 차가움을 느끼게 하거나, 철간선인鐵幹仙人처럼 고고한 모습이 슬기로워서 매우 좋다. 문헌에 보면, 도원道元이 〈춘재매소대설한春在梅梢雪寒〉이라고 말하고 있다. 이를 테면 봄이 되어 매화梅花가 피는 것이 아니라, 매梅의 가지 끝에서 봄이 태어나는 것이라고 말하고 있음을 알 수 있다. 즉, 매화梅花가 봄을 열어 주는 것이라고.

백매白梅의 청초한 향기는 속계俗界를 벗어난 정취가 있어서 예부터 사군자四君子의 하나로 불리어 왔다.

매화梅花는 네덜란드의 튤립과는 다르다. 네덜란드의 튤립은 비옥한 인공적인 토양에 인위적인 수분, 조화로운 햇볕에 과학적인 관리육성으로 대량 생산을 위한 큰 혜택을 받고 피는 유복한 꽃이라고 볼 수 있다. 시작도 끝도 없이 넓고 넓은 화원에서 인공 재배되어 외국시장外國市場에 항공로航空路로 팔려가는 상품으로 되고 있다. 그러나, 대자연의 품 속에서 서럽고 천하게 자라다 외롭게 피는 것이 매화梅花다.

튤립을 서구적인 여인女人의 풍모라고 한다면, 매화梅花는 동양적東洋的이요, 한이 맺힌 한국의 여인상女人像과도 같으리라.

튤립은 어느 목적의식에서 살아가게 되는 것이지만, 매화梅花는 그냥 덧없이 살아가는 것이다. 살아가는 그 자체가 고고하고 아름다운 것이다.

매화梅花 줄기의 고목이나 마디가 더욱 그렇다.

추운 겨울바람 속 언덕배기에서 끝물 목화송이를 발라내고 있는 한국여인의 굵은 손마디와도 같은 것이리라.

옛날 한국의 여인은 거울 앞에 앉아서 한가로이 자기만의 시간을 즐길 여유가 없이 살아왔다.

아침부터 밤까지 들일을 하고 끼니때가 되면 대가족의 식사 준비에 혹사를 치르고, 설거지가 끝나기가 바쁘게 자정이 넘도록 층층시하의 푸새옷 손질이며 다듬이질을 하고 바느질을 해 왔다. 이 같은 억센 일에 틀어박혀 살아온 것이 한국의 여인상이다. 이렇게 곕도록 일을 하다보면 손마디는 트고 갈라지기 마련이다.

손가락이 갈라져서 피가 비치고 굵은 〈철골鐵骨〉 손마디가 되는 것이다. 이 같은 한국여인의 손가락을 닮은 것이 매화梅花 가지이다. 그래서 매화梅花 가지를 〈철골鐵骨〉이라고 부름은 사실주의적寫實主義的이라고 본다.

한시漢詩에서도 〈철골생춘鐵骨生春〉이라는 말이 나오고 있음을 볼 수 있다.

〈한기寒氣에 견디어 늠연凜然히 봄에 꽃을 피운다〉는 것이다. 이는 마치 한국여인을 노래함이 아니고 무엇이겠는가? 옛날에는 이처럼 언제 한 번 마음놓고 웃을 시간도 없이 살아가는 게 한국의 여인이었다. 꽃 중에서도 특히 매화梅花가 이와 같다고 본다.

눈 비 맞아가며, 한국여인의 운명과도 같이 자라가는 것이 매화梅花다. 그래서 매화梅花는 다른 꽃처럼 호들갑스럽게 화려하지가 않다.

꽃이 그렇게 탐스럽게 많이 피지도 않고 잎도 그리 무성하지가 않다.

눈 속에서 피는 매화梅花가 얼마나 어려운 과정 속에서 살아가는 것인가. 영하 속의 메마른 땅에 서서 참고 견디며 피어나는 꽃이기에 사람들로부터 유난히 귀여움을 사는지도 모른다. 그래서 이를 설매雪梅라고 부르고 있다.

빛이 하얗게 소복한 여인의 풍모를 자아내는 것을 백매白梅라 하며, 약간 붉은 빛을 띤 것을 홍매紅梅라 하고, 그 밖에 밤에 피는 야매夜梅, 달빛에 피는 월매月梅 등으로 불리고 있다. 그래서 옛 선비들은 매화梅花의 고고함에 반해 묵화墨畵로 치기 시작하였던 것이리라.

매화梅花를 묵화墨畵로 칠 때 불리는 말에, 고매枯梅, 신매新梅, 번매繁梅, 산매山梅, 야매野梅, 소매疎梅, 관매官梅, 강매江梅, 원매圓梅, 반매盤梅 등, 열 가지로 불리고 있음을 들 수 있다.

이처럼 매화梅花는 그 환경과 분위기에 따라 꽃의 이름이 달리 불려지고, 그 아름다움도 서로 달리하고 있는 것이다.

매화梅花의 가지는 자라는 상태에 따라 또한 그 멋이 저마다 다르다.

아래에서 위로 난 가지를 상발눈경上發嫩梗이라 부르고, 위에서 아래로 늘어진 가지를 하수눈경下垂嫩梗이라고 하며, 우횡경右橫梗 좌횡경左橫梗 등으로 불려지고 있다. 그리고 창처럼 힘차게 솟아 난 어린 잔 가지를 정점頂點이라고 한다.

자세히 보면 큰 가지로부터 60도 내에서 직각直角에 가깝게 되어 있기 때문에 그 모양이 정자형丁字形이 되므로 이것을 정점丁點이라고 부르고 있다. 이와 같이 보면 볼수록 흥미진진한 꽃이다.

매화梅花를 보면 생각을 갖게 하고, 무엇인가 인생人生의 교훈적敎訓的인 생태를 배우게 한다.

우리 인간도 모름지기 환경과 분위기와 만남에 따라 그 인생人生의 운명이 결정되어지므로, 이 매화梅花에서 끈기와 집념을 배우고 높은 기개와 고고한 향기를 배워야 하리라고 본다.

난과 생활

벙긋한 한 점 난꽃은 새 아침을 깨워놓는다.

그 은은한 향기는 마치 망망한 고독의 바다라도 흔들어놓는 것 같다.

난은 속된 먼지를 싫어하고 바람과 이슬에 청향을 띄워 고상하며 귀인의 품격이 있어 좋다.

난꽃의 벙글음은 마치 어느 해안선 깊은 계곡에 소복素服한 미녀인가 싶으면, 푸른 숲속에서 흘러나오는 암벽의 물소리 따라 옷을 벗는 선녀仙女와도 같다고나 할까. 이와 같은 미적 감동은 아마도 어느 안방에서나 이루어지는 정경이라고 해야 좋을 듯 싶다. 그런가 하면, 기개 높은 선비가 흰 구름에 싸여 앉아 있는 풍모와도 같다고 한다. 이 같은 것은 사랑방에서 이루어지는 품격이라고 생각할 수도 있는 것이다.

난꽃은 화려한 장미꽃과는 대조적이라고 볼 수 있다.

장미꽃은 선정적이며 외양적으로도 부끄러움이 없는 것으로 그 특색이 있지만, 난꽃은 정숙하고 내양적이며, 그 청초한 수줍음이 넘친다고 보아야 한다.

장미꽃이 집 밖의 미인이라면, 난꽃은 집 안의 규수라고나 할까.

장미꽃은 무대 위에서 피아노를 치는 스타라고 한다면, 난꽃은 방안에서 가야금을 퉁기는 규수와도 같으리라. 그래서 장미꽃은 공원에 있어야 제격이고, 난꽃은 방안에 있어야 어울린다.

난은 아무런 꾸밈이 없는 텅 빈 넓은 방안에 고풍스런 예쁜 받침대에 놓여진 청자분에 심어져서 실낱 같은 향이 흐를 때만이 더욱 그 아름다움이 빼어난다.

특별히 일경일화一莖一花로 고독하게 피어나는 춘란春蘭은 향기가 은은하며, 아슬아슬한 그 멋에 사뭇 마음이 쏠리게 된다. 이 난이야말로 잔잔한 바다에서 미풍이 일듯, 온 방안에 거칠 것이 없을 세라, 고결한 향으로 해일을 이루는 것이다.

진정 천리를 흔드는 절대고독의 설세미모가 아니고 무엇이겠는가.

일상생활에서 틈틈이 난을 가까이 하다 보면 애착을 갖게 되고 난의 때 묻지 않은 그 고상한 멋과 기품을 배우게 되어서 좋다.

특히 물질문명에 밀려서 걷잡을 수 없이 돌아가는 사치와 낭비에 자칫 빠지기 쉬운 가치관의 혼돈에 헤매기 쉬운 현대 생활에서 난을 기르는 취미를 갖게 되는 것은 매우 좋으리라고 본다.

난을 사랑하고 난에 취하다 보면 설레는 마음에서 먹을 갈아 난을 치게 되는 충동을 갖게 된다.

가슴이 조이는 듯한 일경일화의 안타까움에서, 때로는 일경삼화一莖三花 일경오화一莖五花, 아니 무수히 난꽃을 그려 놓고 마음을 풀어보기도 한다.

눈부신 햇살이 창가에 부서지는 아침, 그이는 출근을 하고 아이들도 학교에 간 후, 조용한 시간이 오면 먹을 갈게 된다.

시리도록 새하얀 화선지 위에 붓을 들면, 이내 나비의 숨결처럼 파르르 떨리는 가슴 이 때, 심장의 순수의 고동소리는 붓 끝에 필력筆力으로 집중됨을 느낀다.

방안은 마치 유리관 속 같은 고독의 진공상태로 변했다가, 솔바람 소리와 함께 쏟아지는 폭포소리로 들려오는 착각을 느끼게도 한다.

폭포가 쏟아지는 깊고 깊은 계곡의 층암절벽이 나타나고 난잎이 하늘하늘 눈 앞에 다가오기도 한다. 이 같은 환상을 놓치지 않으려고 미친 듯이 붓을 휘둘러 보나 안타까운 미완성으로 상처 입은 상한 난잎들이 우수수 파지破紙로 쌓여만 간다. 이처럼 변화무쌍한 풍경들이 머릿속을 스치다가 문득 외로운 지면으로 변해오는 순간이 있다. 이럴 땐, 절세미묘의 여인상! 아니 절대고독의 선비상을 일경일화로 그리곤 한다.

어쩌다가 묵색에서 오는 난꽃의 생동감이 아름다워 보일 땐 그렇게도 흐뭇할 수가 없으며, 버트란드 러셀의 명언이 생각나기도 한다.

“행복한 생활이란 대체로 고요한 생활이어야 한다. 왜냐하면 고요하다는 그 분위기 속에서만이 참다운 환희가 살아날 수 있기 때문이다.”라고.

이끼 낀 높은 절벽 아래 운치 있게 늘어진 난잎 사이로, 아슬한 난꽃이 하늘거리는 그림을 벽에 붙여놓고 차를 마시며 바라보고 있을 땐 흐뭇한 위안을 갖게 된다. 이런 의미에서도, 때로 쓸데 없는 허무감이나 외로움을 느낄 때 난향에 취하는 것이 상책이 아닐는지…….

난을 친다는 것은 어쩌면 고행의 길인지도 모른다. 그것은 과정에서 끝나는 작업이기 때문에 과정 그 자체에서 즐거워해야 하기 때문이다.

‘행복해지는 비결은 쾌락을 얻기 위해서만 노력할 것이 아니라, 노력 그 자체에서 즐거움을 발견하는 데 있다.’는 평범한 진리를 되새겨 보기도 한다.

옛날 안평대군安平大君이 생활의 어려움보다도 더 심한 정치적인 생명의 공포 속에서도, 술값 대신 묵화를 쳐서 주고 다녔다는 그 여유의 멋을 우리는 배워야 하리라고 본다.

여백餘白의 미美

여백餘白은 묵화墨畵의 숨결이다.

사람이 호흡을 하고 살 듯이 묵화도 여백이 있어야만 생동감을 느낄 수가 있다. 그래서 묵화의 여백은 그림의 생명이요 멋이다.

사람이 숨결이 없으면 죽은 사람으로 지체없이 장례식을 치러야 하듯이, 묵화도 여백이 없으면 죽은 그림으로 쓰레기통에 여지없이 휴지로 버려지게 된다. 묵화의 생사生死는 바로 여백처리 여하에 달려 있다.

불후의 명작 몽유도원도夢遊桃源圖 (玄洞子 安賢. 조선 15세기경)를 보더라도 그 복숭아밭 위로 꿈속 같은 하늘의 숨결이 지금도 들리는 듯 살아있음을 짐작할 수 있다.

맑게 개인 하늘이라든가 물소리 바람소리가 들리는 듯 환상의 세계를 느끼게 하는 것은 바로 여백 처리의 우수성에 있다고 하겠다.

묵화는 고금古今을 막론하고, 그 여백 처리를 생명으로 여기고 있음을 발견하게 된다.

사람도 훤한 이마가 없다면 얼마나 답답하고 멋이 없어 보일까.

하늘이 없는 지평선地平線!

하늘이 없는 산의 능선!

하늘이 없는 바다를 상상할 수 없듯이 그렇게 절실한 것이 묵화의 여백 처리라고 할 수 있을 것이다.

한두 촉의 난엽蘭葉이 바다를 바라보며 하늘거리는 멋은 끝없이 열려 있는 하늘이 있기에 그 아름다움이 더욱 뛰어나지 않은가.

설중매雪中梅의 가지 끝 봉우리에 겨울 내내 맺힌 봄이 피어나는 것도 하늘이 없이 어떻게 숨통을 터트릴 수가 있었겠는가.

한 송이의 들국화가 그 넓은 들녘의 고독孤獨을 흔들어 놓는 것이라든가, 산 속의 도라지꽃이 그 우람한 산의 서러운 흐느낌을 달래는 것도 하늘이 없이 어찌 이뤄질 수가 있단 말인가.

찌는 듯한 무더위를 식히는 대바람소리도 그 푸른 하늘이 없었다면 어떻게 시원함을 느낄 수 있으랴. 이처럼 생명이나 다름 없는 절실한 이 하늘이 묵화에 있어서 여백의 미美로 나타나고 있는 것이다.

가령 지하고속전철地下高速電鐵로 호남선을 달렸다고 하자. 신혼여행이라고 해도 좋고 밀월여행이라고 해도 좋다. 생각만 해도 어둡고 긴 그 시간, 우울하지 않은가. 여유가 없고 숨이 막히리라. 그들의 안타까운 꿈은 우울하게 밀봉되어질 것이 아닌가. 그러나 지상의 호남고속전철湖南高速電鐵로 달렸다고 하자. 얼마나 시원하랴! 탁 트인 호남평야가 설렌 젊음의 꿈을 활짝 펼쳐 주리라.

흐르는 강물, 산과 들은 풍요로운 결실의 파도로 눈 앞에 다가올 것이 아닌가. 그보다 중요한 것은 푸른 하늘 속으로 나는 제비처럼 오늘의 고속도로를 달리는 미래의 주인공들의 이상理想이 푸른 하늘이 없이 이뤄질 수 있겠는가.

하늘은 젊은이의 꿈이요, 희망이요, 낭만인 것이다. 이 맑고 깨끗한 하늘 자락은 항상 젊은 가슴 속에 푸르디푸르게 흐르고 있다. 그러기에 차에 오르면 먼저 창가의 자리를 찾게 되는 것도 창밖을 내다보는 여유를 갖기 위해서요, 하늘을 바라보기 위해서다.

차창 밖으로 멀리 바라보이는 가을하늘 속에 점점이 녹아드는 기러기떼는 아름다운 농촌 풍경의 여백 처리를 더욱 돋보여 주고 있지 않은가. 이처럼 빼놓을 수 없는 것이 하늘이듯이 묵화에 있어서도 말할 것도 없이 여백의 미美를 뜻하는 것이다.

문득 내 어린 시절 일제강점기때, 정월 대보름이면 마을을 울리던 농악의 징소리를 따라 고샅길을 누비고 다니던 그 시절이 생각난다.

그 징소리는 희끗거리는 눈 속의 보리밭을 지나 앞산을 넘어 하늘로 날아갔다. 지금 생각하면, 그 징소리는 그렇게도 울분을 터트릴 수가 없었다. 그러나 우리 민족의 한恨 같은 것이기도 하고, 춘향春香의 설움 같은 것으로만 여겨져 왔었다. 그리고 이 같은 불안 속의 여유로움은 오늘날 나의 묵화 속에 영상映像으로 떠오르고 있다.

화선지의 붓끝은 마치 왜정때의 전운戰雲처럼 초조함으로 나타나지만, 화선지에 나타나는 여백은 여유로운 징소리로 부각되기도 함을 어찌하랴.

요즘 TV에 자주 나타나는 풍물놀이도 더욱 그렇다.

한국의 하늘과 열두 발 상모의 어울림! 이것이 서양과 다른 동양의 멋이요, 여백의 미美가 아니고 무엇이겠는가.

사람의 마음 속에도 여유를 간직한 사람은 곧 여백의 미美를 소유한 사람이기도 하다.

사람은 서양사람처럼 바낙이 빤히 보이면 멋이 없다.

사람은 비밀이라고 해도 좋고, 무엇인가 불가사의한 꿈 같은 미지未知의 세계世界가 잠재해 있어야만 멋이 있는 사람으로 매력을 사기 마련이다. 하물며 묵화에 있어서 여백의 미가 없이는 성립될 수 없다는 말이 되기도 한다.

초능력의 여백 처리는 불후의 명작을 낳고, 그 화축엔 신화神話를 낳게 되는 것이다. 그러한 그림은 세월과 함께 영원永遠

을 올려 놓는다.

묵화의 여백은 곧 인생의 여유를 말해 주기도 한다.

여백은 묵화의 아름다움이요 생명이다.

여백은 묵화의 멋이요 숙명이다.

여백은 항상 초조함을 울려 놓는 나의 꿈! 한국의 멋! 무서운 공포의 대상이요, 이상理想의 존재存在이다.

갈대밭 산조散調

갈대는 자유自由를 노래하는 영혼이다. 아니 순리順理를 따르는 질서다.

자유를 가장하는 자는 갈대밭으로 가라.

자유를 잃고 슬퍼하는 자도 갈대밭으로 가라.

갈대밭은 자유주의자들만이 모여서 사는 자유군락自由群落지대이다.

그래서 나는 갈대밭을 좋아한다.

갈대는 자유군락생활을 하면서도 한번도 위화도회군威化島回軍을 한 이성계 같은 반역을 하지 않았다. 자연법칙에 대한 순종의 매력은 여기에서 찾아야 하지 않는가.

'예술은 관념의 구상화다'라고 헤겔이 말했지만, 나는 '갈대는 사고思考의 구상화다'라고 말하고 싶다. 이 말은 갈대밭은

아무래도 애수와 그리움의 계절인 가을이라야 더욱 사람들의 마음을 사로잡기 때문이다

물을 좋아하는 갈대는, 칠월 칠석날 은하수銀河水에 비치는 오작교를 그리도 그리워하는 푸르름의 발돋움과 손짓들이 아니던가!

달빛 파도를 넘는 회백색 갈꽃은 끝없는 수평선상에 몰려가는 은어떼의 조금살이를 방불케 하는 일대 장관이 아닐 수 없다.

좀 다른 이야기지만, 인도양印度洋 동남쪽에 떠 있는 크리스마스도(島 · 호주령)는 우기雨期가 되면 섬 전체가 홍보석 게蟹로 뒤덮인다고 한다. 섬 넓이 1백 55평방 킬로미터에 1억 3천만 마리의 게들이 2주간에 걸쳐 2세世를 얻기 위해 바다까지 왕복 여행을 떠난다는 진풍경이 생각난다.

어찌 이것만을 감탄할 수 있단 말인가…….

우리나라 갈대밭 산조도 이보다 더욱 아름다울 수가 있지 않은가.

이때부터 북반구의 온갖 철새들이 강가에 모여들어 저마다 짝짓기를 하는 콧소리가 갈대밭 산조를 이루었다. 이런 장관은 낙동강 유역이나 금강 유역은 물론이요, 우리 산하 어디에 가도 군락대群落帶를 이루고 산다. 이 어찌 신神의 명작이라고 보아 손뼉을 치지 않을 수 있겠는가.

갈대밭에 차가운 북새(北風)가 불어오면, 아픈 세월 하얗게 맺혀, 원추圓錐 화서로 핀 회백색灰白色 갈꽃 상모를 쓰고, 발짓

손짓으로 철새를 불러들이는 멋쟁이가 아니던가.

마파람南風이 살랑살랑 불면 갈꽃 끼리끼리 '진양조'로 너훌거리다가, 갈바람西風이 불면 갈대발로 부딪쳐 '중모리'로 서걱거림이 좋다. 동부새(東風)가 달려들면 갈잎들이 '자진모리'로 흐느끼다가, 다시 북새(北風)로 휩쓸리면 피울음 젖은 단종端宗의 아픈 한恨이 '휘모리'로 헐떡거리는 갈대밭 산조! 그 애절함이 있어 나는 한국의 가을을 더욱 좋아한다.

갈대밭은 시린 초승달빛 머금고 서걱이는 갈대바람 산조로 굽니다가, 어느 사이에 숱한 철새들이 모여들어 쉰 목소리로 울어대면 갈대밭 병창竝唱으로 목이 젖는다.

갈대는 탈중심주의자脫中心主義者이기 때문에 바람을 좋아하는지도 모른다. 갈대는 탈이념주의자脫理念主義者이기 때문에 평화를 사랑하는지도 모른다. 그래서 갈대는 물이 흐르는 강가에 살면서 누군가의 아픔이 묻은 강바람을 마시고 사는 멋쟁이다.

갈대는 우리나라뿐만 아니라 북반구의 온대지방을 좋아하며 호주, 아프리카 등지에서도 많이 자란다. 갈대는 도전과 반응으로 발전하는 인간의 역사에 얼굴을 돌린다.

갈대는 감상적 자연주의자인 루소의 사상을 좋아한다. 그래서 갈대가 사는 곳은 호화롭고 문명적인 곳이 아니다. 아무렇게나 버려진 시골의 허허로운 빈 들, 하늘을 향해 거침없이 한평생 날갯짓을 할 수 있는 곳에서 서민처럼 산다. 갈대는 문화적인 환경과 문명적인 생활을 거부한다.

갈대는 서민적인 민초民草로 자라기를 원한다. 그러면서 한 시도 쉬지 않고 자연과 더불어 노래를 부르면서 살아간다.

갈대밭은 어쩔 수 없이 우리 인간의 사색을 살찌게 한다.

서울 한복판에서 사는 내 가슴 속에도 이따금 갈대밭 산조가 시리게 들려온다. 이런 날은 어김없이 압구정동 '오렌지족'이나 '야타족'들이 술렁거리거나 찬 바람이 몹시 부는 날 연신내 시장 입구 길바닥에 앉아, 말린 고사리를 팔고 있는 할머니 눈가의 주름살이 황혼에 글썽히 비치어든다.

옛날 같으면 갈대로 엮은 '갈대발'과 '삿자리'로 집안 분위기를 얼마나 멋스럽게 장식을 하였을까. 농촌에서 '갈삿갓'을 쓰고 살포를 들고 물꼬를 트러 다니던 시절은, 이제 거의 기계화 영농으로 밀려나서 아쉽고 그리운 추억으로만 남았다.

이러한 향수에서 아직도 갈대밭은 묵객墨客들의 수묵화로 떠오르거나 사진작가들의 명작으로 남게 되는 것이나 아닌지…… 그러나 도시에서 나이프나 포크로 피자를 즐기는 우리 2세世들에게는 이 갈대밭 산조가 생소해서 못내 가슴 저리기만 하다. 이처럼 아름다운 갈대밭 산조가 농약이나 갖가지 산업후유증의 오물 방류로 병들어 가고, 철새들조차 떼죽음을 당하는 자연생태계의 파괴를 방관할 수만은 없지 않은가.

오늘따라 새삼 〈괴테〉의 ≪대화초對話抄≫에 나오는 〈자유론自由論〉한 토막이 떠오른다.

자유를 가장하는 자, 그는 이미 자유인이 아니다.
자유를 잃고 슬퍼하는 자, 그는 이제 자유를 찾았노라.

르완다의 슬픈 바람

해 설핏한 노을 속에 연꼬리가 전선電線에 걸친 채 낭자한 비명을 전류에 흘리고 있다.

어쩐지 르완다에서 불어오는 슬픈 바람에 나부껴 연꼬리가 찢어지고 있는 것만 같다.

서울의 얼굴인 중심가에는 전선이 모두 지하에 묻혔다. 빌딩 위로는 푸른 하늘이 여유로운데, 내가 살고 있는 불광 3동의 하늘에는 아직도 바람 부는 날엔 전선들이 귀신처럼 울고 있다.

오늘 따라 푸른 하늘에서 찢기는 연꼬리의 울음빛이 오싹하게 내 가슴에 조여오고 있다.

우리 집 창문으로 내다보이는 교회 십자가十字架 아래로 전선을 타고 연꼬리를 울리는 그 바람은 르완다의 눈물이 어려 있는 것만 같다.

그동안 신문이나 텔레비전을 통해 보고 듣던 르완다의 비극이 아직도 머리 속에서 지워지지를 않는다. 참담한 르완다의 고통이 날이 갈수록 아픔으로 떠올라 내 가슴을 우둔거리게 하고 있다.

뼈가 타는 뙤약볕에 쓰러질 듯 쓰러졌다 다시 일어서는 앙상한 다섯 살배기 디바디리구아 소녀여! 너는 지금 어느 하늘 아래서 고이 잠들고 있는가.

네가 죽기 전에 어깨뼈가 빠져서 축 늘어지고, 무릎뼈가 꼬여서 몇 발 흐느적거리다 쓰러진 소녀여!

50도로 타오르는 용광로 같은 불볕 속에서 네가 무릎이 꺾일 때마다, 독수리가 쫓아와서 머리털을 쭈뼛거리고 있지 않았던가.

이 때, 프리랜서 카메라맨은 이 사진을 찍어서 올해 '퓰리처상'을 받았다고 하지 않았던가.

"사진기자는 카메라 셔터보다도 먼저 소녀를 구해냈어야 하지 않았느냐?"는 인간성 태풍으로 온 세상을 휩쓸었을 것이다.

뉴욕타임스는, "사진작가의 보고로는 독수리가 달아난 다음에 소녀는 다시 걷기 시작했다. 그녀가 식품 배급센터에 도착했는지 여부는 알 수 없었다."고 사고社告를 냈다고 한다.

그 사진작가는 비극의 현장을 카메라로 찍은 다음에사 독수리를 쫓아내고, 소녀가 마을을 향해서 걸어가는 뒷모습을 물끄러미 바라보기만 했다고 한다.

그 때, 르완다에서는 하루에 2천 명이 넘는 어린이들이 굶주

림과 콜레라로 죽어갔다고 한다.

머지않아 21세기의 첨단과학과 풍요로움을 비출 새로운 태양太陽이여! 이 죽음을 외면하고만 있을 것인가?

태양이여! 너는 알 것이다.

옛날 로마사람들이 배가 부르면 거위의 깃털로 목을 간지럽혀 토해가면서 마시고 먹었다는 사실을 말이다.

역사는 왜 말이 없는가?

그날, 시체를 운반하다 지친 봉사대원이 마을 사람들을 향해 '나를 좀 도와달라'고 애원하는 장면이 텔레비전을 통해서 세상사람들을 울렸지 않았던가.

"디바디리구아는 어젯밤에 죽었어요. 구하기엔 너무 늦었어요. 죽기 전에 아무 말도 없었어요."

이 말은, 파아란 눈빛으로 눈물을 글썽이는 프랑스 간호장교의 말을 지난 94년 7월 29일 새벽에 로이터통신이 발표한 것이다.

안경을 쓴 프랑스 여군인女軍人 의무장교가 주는 물을 힘없이 받아 마시는 디바디리구아. 너의 몸은 피투성이, 툭툭 불거진 갈비뼈, 눈물이 말라버린 인간양심의 표상이었었지…….

디바디리구아 소녀는 7월 26일 생매장되기 직전에 구조됐었다고 한다.

수많은 시체와 함께 불도저에 떠밀려 서울 난지도 쓰레기처럼 구덩이에 묻히는 순간, 눈빛이 파란 프랑스 병사가 꿈틀거리는 어린이를 발견한 것이라고 한다.

죽어 가는 엄마 옆에서, 손가락으로 엄마의 눈을 벌리면서 울어대는 어린이들이 움직일 힘이 없어 땅바닥에 따라 누워서 파리떼가 까맣게 붙은 휑뎅그레한 눈으로 하늘만 쳐다보는 어린이들. 어찌하여 이토록 참혹해야만 하는가?

어린이가 누워 있는 땅바닥은 분노로 일어서는데, 프랑스의 루이 14세가 누워서 결재를 하던 황금黃金 침대는 왜 말이 없는가?

'르완다 내전으로 25만 명의 어린이가 죽어갔고, 15만 명이 부모를 잃었다'고 UN아동기금에서는 발표를 했다.

"우리는 시간과 싸우고 있습니다. 하루 빨리 약품과 식량과 구호요원들을 보내지 않으면 비극은 더욱 쌓여만 갈 것입니다. 난민촌의 참상은 이 세계인의 양심에 대한 모독입니다."고 UN 관계자들은 전 세계에 도움을 호소했다.

누가 디바디리구아 어린이를 죽였을까. 소녀는 죽음을 맞으면서 이 세상을 어떻게 생각했을까.

디바디리구아 어린이의 죽음은 우리를 너무나도 슬프게 했다.

그 슬픔은 우리 자신을 포함한 인간이란 존재에 대해 울컥치솟는 미움을 느끼게 한다.

달나라를 정복한 인류역사가 이렇게도 힘이 없는 것에 대한 슬픔과 분노가 뒤범벅이 되는 이 밤, 르완다의 슬픈 바람이 오늘도 나를 향해서 한사코 잠이 들면 안 된다고만 소리치고 있는 것 같다.

문명의 공존

상쾌한 가을, 일요일 아침입니다.

모아 둔 신문을 정리하다가 트럼펫 부는 암스트롱 사진을 발견하였습니다. 문득 단장의 슬픔처럼 환청으로 들려 왔습니다.

일산 호수공원 월파정月波亭 지붕 위로 흐르는 물빛 가을하늘이 눈 앞에 다가왔습니다. 이 좋은 계절에, 가을하늘을 울어예는 그 슬픈 트럼펫 소리가 오늘따라 내 마음을 술렁거리게 했습니다. 커피 생각이 났습니다. 싱크대 옆에서 가스불을 켜고 주전자에 물을 올려놓았습니다. 김이 모락모락, 마치 아침 햇살에 일렁이는 호숫가의 수증기처럼 피어 올랐습니다.

커피잔에 설탕을 타다가, 그만 손이 떨렸습니다. 검은 쟁반 바닥에 설탕가루가 하얗게 쏟아졌습니다.

백색白色의 공포! 탄저균! 미국美國과 세계 여러 곳에서 백색의 공포가 우리 집에까지 밀려오는 듯 싶었습니다.

무서워집니다.

미국 워싱턴 톰 대슐 민주당 상원上院 원내 총무 사무실이 입주해 있는 의사당 단지 내 건물에서 31명의 직원이 감염자로 나타났다고 합니다. 그밖에 뉴욕 주지사실도, 미국 의사당 하원 건물까지도 폐쇄되었다고 합니다. 이 일을 어찌 해야 합니까…… 두렵기만 합니다. 이 같은 끔찍한 일이 있기까지는 느닷없는 테러범들이 미국 뉴욕 쌍둥이 빌딩을 잿더미로 만든 점과, 이에 대한 미국의 보복 공격으로 빚어진 사건으로 여겨집니다. 미국은 오사마 빈 라덴을 테러범으로 지목하고, 이를 생포하기 위해서 아프가니스탄의 군사 요새지에 폭격을 함으로써 일어나는 사건으로 생각됩니다. 이러한 현상은, 하루하루가 문명 충돌로 번져가고 있는 것이나 아닌지 너나 할 것 없이 두려워하고 있습니다.

문명의 충돌은 인류를 멸망시키는 길이 아닌가요.

지금 나이지리아에서는 유혈 종교충돌이 일어났다는 신문 보도를 보았습니다.

기독교 대 이슬람 대립으로 벌써 18명이 사망하고 수백 명이 부상을 당했다는 것입니다. 설상가상으로 중동中東 곳곳에서는 반미反美 시위가 격화되고, 동남아東南亞 국가들은 미국에 대한 지지 입장을 바꿀 조짐을 보이고 있다는 소식도 있습니다.

나이지리아의 문명충돌은 너무 무섭습니다.

미국의 보복 공습에 분노한 이슬람교도들이 기독교도를 공격해 북부 카노주에서는 지난 10월 12일부터 14일까지 18명이나 숨지고, 수백 명이 부상을 당했다고 합니다. 1999년 이후, 전체 1억 2천만 명의 인구 가운데, 50퍼센트를 차지하는 이슬람교도와, 40퍼센트 가량인 기독교도 간의 충돌로 1천여 명이 숨진 나이지리아에서는, 미국에 대한 '9 · 11테러'와 미국의 '10 · 7 보복공습'이 종교 간의 충돌을 더욱 악화시켰다는 것입니다. 이 같은 자그마한 종교분쟁이 전세계로 산불처럼 번질까 두렵기만 합니다.

어떠한 이유에서든 문명의 충돌만은 기를 쓰고 막아야 합니다.

어느 한 문명이 다른 문명을 지배하거나 괴롭혀서는 안 된다는 것이 세계 각국의 여론으로 떠오르고 있습니다.

현대 첨단과학이 발달되고 게놈 해독이 완성되고 인간 복제가 자유자재로 대량생산을 한다 하더라도, 종교나 미신은 인간이 지구상에서 생존하는 한 공존共存할 수밖에 없는 것으로 여겨집니다. 따라서 기독교도와 이슬람교도가 공존하는 길만이 평화적 세계화의 길이라고 생각합니다.

우리 아버지가 비록 가난하고 천민이라 하더라도, 명예와 부를 가진 남의 아버지하고는 바꿀 수 없는 것이 아닌가요?

내 부모가 소중하면 남의 부모도 소중합니다.

나의 종교만을 위해서 남의 종교가 걸리적거린다 하여 그 종교를 경멸하거나 말살하려 한다면, 세상 이치가 아니라고 생각합니다.

문득 전쟁과 평화가 생각나는 아침입니다.

전쟁을 중단하고 협상과 평화 공존의 길로 전진하기를 두 손 모아 기도해 봅니다.

지금 아프가니스탄의 사태는 세계 인류의 고민입니다.

문명과 문명의 이해타산에서 오는 과욕을 버리고 분쟁의 원인과 결과를 심도 있게 분석 종합하여 그 원인을 해결하는 지혜가 필요할 때라고 봅니다.

가진 문명이 못 가진 문명에게 부를 나눠주고 고통을 함께 해 준다면, 그 은혜를 입은 문명은 은혜를 나눠준 문명에게 사랑으로 보답할 것입니다. 이러한 이치를 모르는 사람은 이 세상에서 아무도 없을 것입니다. 알면서도 선뜻 행하지 못하는 문명이 심히 안타까울 뿐이지요.

암스트롱이 불어예는 검은 대륙의 슬픈 트럼펫 소리도 문명 공존으로 가는 눈물어린 기원이 아닐는지요.

경기도 일산 호수공원 위의 맑은 가을하늘빛도 분명히 편견을 싫어하는 문명 공존의 소망일 것입니다.

이 아침 쓰거운 커피 한 잔으로 어지러운 마음을 달래 봅니다.

이따가 노을이 아름다울 때, 호수공원 월파정으로 산책 나갈 것입니다.

그리하여 암스트롱 트럼펫 환청소리로 뚫린 내 가슴에 물빛 가을하늘 한 자락 흐르게 할 것입니다.

문명의 공존 2

노을이 우리 집 아파트 서쪽 창문을 붉게 물들이고 있습니다. 노을빛은 내 손을 붙잡기라도 한 듯이 일요일의 일산 호수공원으로 이끌었습니다.

아파트 단지를 벗어나자 어렴풋이 트럼펫 소리가 가물거렸습니다.

어머나! 트럼펫 소리…… 분명 호수공원 쪽에서 들려오는 것 같았습니다. 환청이려니 여겼습니다. 그러나 파문처럼 밀려오는 음파에 깜짝 놀랐습니다. 귓속을 후볐습니다. 가슴이 뛰었습니다. 너무나 확실한 트럼펫 소리였습니다. 야외 방송으로 들려주는 것으로 여겼습니다. 월파정 아래까지 이르렀을 땐 더욱 크게 들려왔습니다. 기적 같은 사실에 놀랍고 신기하였습니다. 월파정 계단으로 올랐습니다.

새까만 흑인이 트럼펫을 불고 있었습니다. 까만 가죽 잠바에 검정 골덴바지 그리고 검은 선글라스를 쓴 흑인의 손에서 그 구슬픈 트럼펫 가락이 풀리고 있었습니다.

곁에는 베이지색 오버코트에 은빛 안경을 쓴 20대쯤으로 보이는 한국소녀가 있었습니다. 너무나 신비스럽도록 꿈속 같았습니다. 지성이면 감천이라는 옛말이 떠올랐습니다. 소설 같은 현실에 눈시울이 뜨거웠습니다.

한국소녀의 얼굴에는 연신 잔잔한 미소가 흘렀습니다. 한참만에야 두 사람은 일어섰습니다. 한국소녀는 흑인의 팔짱을 꼭 끼고 노을빛 속에 뒷모습으로 멀어져 갔습니다. 그들이 떠난 월파정은 무거운 침묵으로 호수에 가라앉은 분위기였습니다.

호수 한가운데 우뚝 솟은 월파정에 짙은 노을빛이 곱게 물들었습니다.

어쩐지 노을빛은 섬뜩하게 보여졌습니다. 마치 사슴농장에서 사슴의 뿔이라도 자르는 핏방울이 내 온몸에 튀어 배기기라도 한 것처럼 느껴졌습니다. 그보다는 차라리 사슴의 뿔을 자르던 무기의 소각이었으면 싶어졌습니다. 저 멀리 서쪽 마을 단층 지붕들이 불잉걸로 피어오르는 것 같았습니다.

월파정의 오지랖 갈대밭도 트럼펫 소리가 멎은 뒤끝 정적의 무늬인 양 서로가 상처난 가슴을 맞댄 듯 스산했습니다. 그러나 서로 안아 주고, 볼을 맞부비는 것 같았습니다.

문득 내 가슴이 부스럭거리는 듯 싶었습니다.

흑인의 트럼펫 소리로 뚫렸던 내 가슴 구멍이 아파 왔습니다. 갑자기 다리 힘이 빠진 듯 월파정 좌대에 스러졌습니다.

서쪽 노을빛 하늘이 음파처럼 흔들려 왔습니다.

멀리 '쿠바 관타나모 기지'에 수용되어 있었던 '알카에다 포로'들의 소스라치는 눈빛이 다가오는 듯 싶었습니다. 그 눈빛에다 쏘아대는 미군의 사격 총성이 들리는 듯 싶었습니다. 그 수용소 안에는 수갑을 채운 채, 마스크를 쓴 채 피범벅이 된 참상이 노을빛처럼 떠올랐습니다.

'이들은 테러범이다. 전쟁 포로다. 제네바 협약에 저촉된다. 안 된다'는 세상의 시시비비 앞에 문명의 충돌로 가는 길과 문명의 공존으로 가는 길이 어렴풋이 떠오르고 있었습니다.

많이 늦어진 시간입니다.

호수공원을 배회하던 자전거의 긴 그림자가 아프가니스탄의 부서진 무기처럼 빠져나가고 있었습니다.

길가에 나무들도 전쟁터의 보초병처럼 어깨가 축 처져 있었습니다.

문명 충돌과 문명 공존으로 가는 길이 이렇게도 어려운 것인가 하는 생각이 자꾸 떠올랐습니다.

호수에 돌 하나 무심코 던지는 환경의 아픔이 아프가니스탄 전쟁터에서 펄럭이는 미국 성조기에도, 뉴욕 시기市旗에도 파문이 인다는 사실을 생각해 내기도 하였습니다.

사람이 살면서, 때로는 얼마나 많은 것들을 잘못 생각하고 있는가. 눈은 또 얼마나 많은 것들을 잘못 보고 있는가를 생각케하는 순간입니다.

문명의 충돌과 문명의 공존은 얼핏 백짓장 한 장 차이에서 출발하여지나, 그 갈림길은 돌아올 수 없는 무서운 거리가 되고 마는 것이 아닐는지요.

호수공원의 석양은 문명의 충돌도 문명의 공존도 잠시 잊은 채 모두 귀가시간이 다가온 듯합니다.

자전거의 행렬도 은륜銀輪의 우회전으로 또는 금륜金輪의 좌회전으로 썰물처럼 빠져나가고 있었습니다.

아빠는 딸의 손을 잡고, 엄마는 아들의 손을 잡고 평화로운 대화로 노을빛을 빠져나가고 있었습니다.

월파정 부안교鳧橋에는 오리 대신 젊은 아베크의 웃음이 건너고 있었습니다.

월파정 뒤편으로는 평류교萍柳橋가 연결되어서 호수 위에 버드나무 그림자가 한껏 운치를 더했습니다.

호수공원의 하늘은 노을빛 거울이 되어 내 속내를 빤히 비춰주고 있었습니다. 발 아래로는 명경지수明鏡止水로 내 속된 마음을 꿰뚫고 있었습니다.

더러는 가족과 함께 잔디밭에 앉아서 해지는 줄 모르고 있었습니다.

발랄한 학생들의 롤러스케이팅도 빠른 물살로 나갔습니다.

호수공원은 생각에 따라서 평화와 불안의 두 안경으로 보여지는 난기류였습니다.

갑자기 불어오는 물바람으로 또 갈대밭이 서걱거렸습니다. 부스럭 소리에 부시 미 대통령이 순간적으로 떠올랐습니다.

미국은 세계적인 인권국가人權國家로서 세계 여러 나라를 앞에서 이끌고 뒤에서 미는 것으로 알려졌습니다. 그러나 요즈음에 와선 '알카에다 포로 처우' 문제로 인권을 유린하는 이미지 국가로 알려지고 있음에 안타깝기만 합니다.

수년 전에 경고한 ≪문명의 충돌≫의 저자인 〈새뮤얼 헌팅턴〉 하버드 대학교 교수의 예언이 생각나기도 합니다.

'미 독불장군 꿈 깨라' '세계를 내 마음대로' 커다란 착각에 빠지지 말라는 경종의 소리가 오늘따라 내 귀에 되살아나고 있음은 웬일일까요. 이러한 경고에도 불구하고 미국은 아랑곳없이 살아 왔습니다.

마땅히 인권국가가 가는 길에는, 사전에 '9 · 11 테러'로 가는 길이 컴퓨터에 잡혔어야 했습니다. 그러나 미국은 '9 · 11테러'와 '10 · 7 보복 공습'이라는 불행한 역사를 낳고 말았습니다.

미국이 가야 할 미래의 길이 보이는 것 같습니다.

팔레스타인 문제의 해결에, 미국과 이슬람 세계의 화해가 하루 속히 이뤄지기를 바랍니다. 이 두 문명 공존의 길이 이뤄지지 않는 한 미국이 붕괴하든지 아니면 인류가 공멸하는 길이 눈앞에 보입니다.

막바지 노을빛이 호수를 곱게 물들이고 있습니다. 물 무늬처럼 떠 있는 새끼 자라가 사랑스럽기만 했습니다.

거울 같은 물 위에 그 작은 몸짓으로 삶이 있는 평화의 길을 찾고 있었습니다.

나는 반짝이는 몸짓들을 물끄러미 바라보았습니다. 부안교에서 허리를 구부리고 물 속을 가만히 내려다보노라면, 노을빛 파문이 마치 평화의 징소리처럼 번지고 있었습니다. 그 징소리 파문이 내 가슴에 뚫린 구멍을 새 살로 메워 주고 있었습니다.

자라가 움직이는 파문이 사랑이 되어 자꾸만 내 가슴에 밀려오고 있었습니다.

일산 호수공원으로 와 보십시오. 문명의 공존으로 가는 길이 보입니다.

조지 W 부시 미국 대통령은 하미드 카르자이 아프가니스탄 과도정부 수반首班에게 5천만 불을 차관해 주기로 했다는 것입니다. 이 얼마나 기쁜지 모릅니다.

부시 · 카르자이 정상회담이 이렇게 기쁠 수 없습니다. 그러나 어쩐 일인지 장자莊子의 말씀이 바람처럼 지나갑니다.

'오리 다리가 짧다고 늘이거나(鳧脛雖短 續之則憂) 학의 다리가 길다고 줄이지 말라(鶴脛雖長斷之則悲)'

'미국의 대 테러전쟁은 전세계를 사고의 단선화單線化로 이끌려는 시도'가 되지 않기를 기원해 봅니다.

마지막 노을빛이 호수 속 '무지개 탑'에 한 가닥 걸리고 '호수 공원 매점' 지붕의 불길을 끄고 있었습니다.

신神도 가끔 이 아름다운 호수공원의 절경을 들여다보고 있는 것 같았습니다.

오늘 환청이 아닌 실제로 어느 흑인이 호수공원 하늘을 대신 울렸던 암스트롱의 그 트럼펫 소리를 나는 눈물겹게 사랑합니다.

한국여인과 한풀이

맑은 하늘에 먹구름이 몰려오면 온 세상은 금세 어두움에 묻힌다.

그러다가 후드득 굵은 빗방울이 떨어지고, 번개와 뇌성이 하늘을 흔들 때, 동네 전신주나 아름드리 나무에 벼락이 떨어져서 전깃불이 꺼지거나 나뭇가지가 꺾이는 수가 있다.

이럴 때 노인들은 벼락 맞은 나무가 약으로 쓰인다고 하여 너도나도 가지를 꺾어 가는 예가 있다.

또 여름철에 들판에서 논의 물꼬를 보는 농부의 삿갓에 벼락이 떨어져서 어이없이 죽어 가는 사람도 있다.

이런 경우는 하늘과 땅이 서로 맺혔던 한을 풀어버리는 '한풀이' 같은 이미지가 아닐는지.

이처럼 자연계의 현상뿐만 아니라 우리 인간들의 생활에서도 한풀이는 많이 있어 왔다.

나라마다 차이는 있겠지만 특히 우리나라는 한恨이 많은 민족으로 알려져 왔다.

우리 민족의 한을 거슬러 올라가 보면 삼국시대三國時代의 관할권 영토싸움으로 응어리가 계속되어 오다가, 그 한이 예술로 승화되어 화려한 문화로 이룩되기도 하였다고 본다.

고려를 거쳐 조선조에 이르기까지 또는 일제 침략의 치욕의 한은 어찌 말로 다 표현할 수 있겠는가.

얼마나 많은 한이 쌓인 민족이었던가는 딱딱한 역사로 들어가기 전에 우리들의 생활주변에서 흔히 듣고 볼 수 있다.

창唱이나 미술 분야에서만 보아도 잘 알 수 있다.

우선 우리나라의 '창'에서 볼 때, 〈서편제〉 같은 위대한 예술을 탄생시킨 것도 다 한에서 이루어진 것이 아닌가.

미술에 있어서도 역력히 나타나고 있음을 알 수 있다.

유명한 명작들은 하나같이 작가의 한이 맺힌 인생의 이면이 있어 왔다는 것을 충분히 엿볼 수 있다.

대원군의 난蘭도 한 예가 될 수 있다.

인간의 꿈과 한恨은 서로가 이질적이면서도 떨어질 수 없는 상관관계로 맺어지고 있다.

꿈이 무너질 때 한이 발생하게 되고, 한이 서릴 때 꿈이 성취된다고도 볼 수 있는 것이 아닐는지.

이 같은 현상은 오늘날의 주변에서도 많이 보아왔다.

나도 예외일 수는 없다.

내가 살고 있는 가정이나 일터에서도 매일같이 반복되고 있는 것이다. 꿈과 한이 도사리고 있으면서 가끔 나를 괴롭히고 있는 것을 스스로 발견하고 있다.

내 꿈이 진통을 겪고 있을 때 그 진통이 응어리로 굳어지면서 첩첩이 한으로 쌓이는 것이다.

이럴 때면 나는 뜨거운 가슴을 안고 나의 안방이자 작업실로 쓰이는 화실에 파고들게 된다.

상기된 얼굴로 화선지 앞에 서면 손에 든 붓이 파르르 떨리게 된다.

화실畵室은 너무나 조용하다 못해 내 심장에서 뛰는 맥박소리까지도 들려온다.

기氣를 모아 그 한풀이로 사정없이 붓을 휘두르게 된다.

묵색도 한풀이의 가락에 따라서 질서 없이 생각 밖으로 나타나게 된다.

그러나 지나고 보면 이러한 한풀이로 이루어지는 작품들이 의외로 우수하게 나타나는 경우도 있다.

하지만 어느 날은 순수한 꿈의 충동으로 난을 칠 때도 있다.

정상적인 창작의 태도로 진행되는 작품이라고 해서 반드시 모두가 성공한다고는 볼 수 없다.

집안에서 하는 여인들의 주방 일만 보더라도 이색적인 현상을 느끼게 되는 경우가 많다.

약간의 부부싸움이나 자녀들 문제로 신경이 곤두섰을 때, 주부들이 하는 일은 진도가 빠르다.

부글부글 끓는 마음은 으레 힘겨운 일거리를 찾게 되고, 그럴 땐 성과도 좋게 나타난다. 생각하면 우리 가정에서 종사하여 오던 할머니나 어머니들의 생활상도 거의 짐작케 된다.

봉건사회 제도하에서 구박 받으면서 살아온 시집살이가 얼마나 한스러웠는지 짐작이 간다.

한국 서민층 어머니들의 베틀노래가 그러했고 물레질 소리, 빨래질, 다듬이질, 모두가 다 한국 여인의 한풀이로 나타났다.

한풀이는 현대사회에서 말하는 스트레스 해소 방법으로 바꿔서 말해도 좋을 것 같다.

고부간의 갈등에서 오는 한이라든가 남편의 바람기에서 오는 여인들의 한풀이로는, 타작마당에서 도리깨질, 깻다발 털기, 빨래방망이질 등으로 나타난 것이다.

심지어는 어린 아이 볼기짝 때리기도 교육적이라기보다는 일종의 한풀이 현상에서 나타나는 결과로 많이 있어 왔다고 볼 수 있다.

특히 재미있는 이야기로, 옛날 여인들이 홧김에 몰래 숨어서 담배 피우기를 배우다가, 상습적으로 긴 담뱃대에 자연스럽게 불을 붙이는 애연가가 되었듯이 그처럼 일종의 한풀이에서 시작된 것이다.

요사이 젊은 여인들의 담배 피우기와는 질적으로 다른 것이다. 지금의 젊은 여인들의 담배 피우기는 한풀이가 아닌 멋으로 피우게 되는 경우라고 본다.

고금을 막론하고 우리나라의 한풀이는 결과적으로 위대한 예술로 승화시킨 결과가 되었다고 말해도 좋을 것 같다.

한풀이가 없었다면 가슴에 맺힌 한이 병病으로 도져서 마침내 아까운 생명을 잃게 될 것이 아닌가. 생각하면 한풀이는 매력이 있는 것으로 여겨진다.

한국의 여인과 한풀이는 봉건사회 제도에서 필연적인 역사적 산물이라고 보아진다.

그러나 현대 젊은이들은 참고 기다리는 미덕이 사라져 가는 대신 한풀이가 없어져 가고 있지나 않은지. 못내 염려되는 것은 너무 쉽게 즉결처분하는 행동으로 나타나고 있다고 보아진다.

현대도 문제려니와 미래사회가 예측불허로 치닫고 있는 것이다.

한풀이가 사라져 간 현대는 삭막한 사회 또는 기계주의로 인정이 사라져 가고 있는 점이 안타깝기만 하다.

피맛골 야화夜話

인사동 야화仁寺洞 夜話

명동 야화明洞 夜話

우울한 봄

마지막 남은 지구의 폐 한 조각

도시 속의 모래성

풍다風多의 사랑에 흔들리는 능수매화

그때 그 시절

백제바람 부는 북한산성

피맛골 야화夜話

고층빌딩에 가린 5월의 서울 밤하늘은 어쩐지 캄캄하기만 하다.

서대문 쪽에서 불어오는 하늬바람이 피맛골의 희미한 청사초롱을 흔들고 동대문 쪽으로 사라진다.

피맛골은 밤 9시 전후가 되면 술집 분위기가 무르녹기 시작한다.

하루의 피곤을 잊은 채 이야기꽃이 피기 시작하는 곳이다.

나는 대낮에 햇살이 뜨거웁거나 바람이 심하게 부는 날은 이 피맛골로 다닌다.

현재 종로의 양쪽 옆에 인도는 햇살이 눈살을 찌푸리게 하고 행인들이 서로 부딪히게 되어서 복잡하지만, 피맛골은 길이 좁아도 사람들이 한가롭게 다니고 건물들이 햇살을 가려주어서 따가웁지가 않아 자주 오가는 길이다.

피맛골은 종로 큰길가 빌딩 뒤안길을 말한다.

조선시대의 종로는 항상 높은 어른들의 교자나 가마가 지나다니는 큰길이었다.

그 당시 아랫사람이 큰길을 가다가 높은 벼슬아치를 만나면, 길가에 엎드려 예의를 표했는데, 그것이 자주 되풀이되면 번거로우므로 아예 큰길 양쪽 뒤편에 말 한 마리 정도 다닐 수 있는 좁다란 길을 내게 되었다.

이 길을 따라 종로술집, 모주집, 장국밥집이 연이었으며, 나름대로 격조가 있었고 피맛골이라는 이름으로 불렸다.

그 당시 피맛골의 하나는 지금의 종로 교보빌딩 후문 쪽에서 시작하여 단성사, 종묘 쪽까지의 좁은 뒤안 샛길을 말한다.

그리고 또 하나인 피맛골은 지금의 국일관 쪽에서 시작하여 세운상가까지의 뒤안 샛길을 말한다.

종로를 좀 거슬러 올라가 보면, 종로는 서울의 중심거리다. 조선조 초부터 대시가大市街라 불렀던 것을 세종 때에 운종가雲從街라고 하였다.

운종가는 지금 세종로 동쪽에서 종로 4거리까지를 말하였던 것으로, 1395년(태조 4)에 주조鑄造된 종의 종각을 세종 때에 개축하여 운종가에 세워서 아침 저녁으로 종鐘을 울려 시간을 알려주면서부터 이 거리를 종루鐘樓 또는 종로鐘路라고 부르게 되었다.

종로의 범위는 세종로 동단에서 2가 YMCA까지와 종로 네거리에서 남대문 1가 광교까지의 T자형 도로의 좌우이었던 것이, 1914년 4월에 구역을 확장하여 지금처럼 1가에서 6가까지 이르게 되었다고 한다.

그 당시에 타고 다니던 교자는 종 1품 이상과 기로소耆老所 당상관이 타는 남여藍輿를 말하고 있다.

가마는 왕이 타는 연輦이 있고, 공주나 옹주가 타는 덩(德應~八人轎), 또는 종 2품관 이상이 타는 높은 외바퀴 수레인 초헌軺軒이 있었다. 그리고 위에 포장 없이 의자처럼 생긴 남여藍輿, 그밖에는 초상 중에 상주가 타는 삿갓가마(草轎)와 민간에서 혼인 때 사용하는 사인교四人轎 등이 있었다.

이 같은 교자나 가마를 높은 사람이나 벼슬아치들이 타고 다니던 길이 종로로 되어 있었다. 이에 반해 피맛골은 서민들이 지나다니는 길이었다.

피맛골은 서민들의 많은 애환이 담겨 있음을 짐작할 수 있다.

특별히 잊을 수 없는 것은, 1923년 1월 12일에 상해에서 돌아온 김상옥金相玉이가 밤에 종로경찰서(지금의 제일은행 본점 자리) 정문에 폭탄을 던져 폭파하고 도피했다.

이 달 17일 일본 경찰은 그가 은신해 있는 삼판통三坂通 고봉근高奉根의 집을 포위하였으나, 김상옥은 단신으로 이내 대항하여 일본 형사 다무라田村를 사살하고 다른 2명에게 부상을 입힌 후 남산으로 피신하였다. 일본 경찰은 군대까지 동원시켜 추격했으나 체포하지 못하였다.

그 후, 김상옥은 변장을 하여 효제동 이혜수李惠秀 여사 집에서 피신하다가 탐지되어 천여 명의 무장 경찰과 3시간 동안 싸운 끝에 수명을 사살하고 자결하였다는 것이다.

피맛골은 이러한 훌륭한 역사가 잠겨 있는가 하면, 더 크게는 그 유명한 탑골공원에서 일어난 3·1운동의 이야기도 육중하게 무게를 잡는 골목이기도 하다.

이러한 피맛골은, 나날로 고층빌딩이 숲을 이루는 현실을 생각할 때, 피맛골에서 살던 사람이나 피맛골에 모여들던 사람들이 땅이나 건물을 비워준 채 변방으로 변방으로 몰려나가야 하는 형편이 눈앞에 전개되고 있었다.

지금의 피맛골은 하위직 직업인들이나 묵객, 문인, 학생들이 저녁에 모여들어서 술 한 잔씩 나누면서 하루의 피곤을 푸는 곳이다.

지방에서 상경하는 서민들이나 더러 외국 관광객도 찾는 곳이 바로 이곳이다.

특히 눈에 뜨이는 것은 시인들이 찾아다니는 '시인통신'이라는 술집이다.

시인들이 한 잔 마시고 민주화를 부르짖으며 문화정책을 토론하다가 울분을 터뜨리는 절규를, 벽이나 천장에 펜촉이 비집고 들어갈 틈이 없이 온통 낙서투성이를 해 놓은 곳이다.

이 '시인통신'의 이익금은 '시인통신문학상' 기금으로 쓰인다고 한다.

우리나라 대기업체에서는 생각조차 못하는 일을 2평 남짓 비좁은 '시인통신'에서 나서고 있다. 가슴이 뜨거워진다.

이 밖에 또 한 군데의 특색은 '학사주점'이다.

이곳 역시 그동안에 학생들이 모여서 민주화의 데모를 구상하고 독재 타도를 외치던 곳이었다.

지금은 다같이 문화정책에 대한 토론과 6월에 있을 지방자치 선거에 열꽃이 타오르고 있다.

이처럼 피맛골은 서민들이 모여서 밤이 늦도록 인간애와 사회 비평의 꽃이 피는 공감지대이다.

피맛골은 과거나 현재나 미래사회에도 영원히 존재해야 하는 곳이다. 다만 두려운 것은, '도시재개발'에 따라서 피맛골이 헐리는 비극이 없기를 바란다.

만약에 도시재개발을 하더라도 피맛골을 살리는 설계라야만 할 것 같다.

피맛골은 자유와 평등의 조화를 이루는 데 요람이 되기 때문이다.

인사동 야화仁寺洞 夜話

인사동仁寺洞* 은 문화와 예술의 거리다. 인사동에 해가 지면 소중한 예술 작품들이 베레모빛 어두움으로 덮인다.

가로등 불빛이 올빼미의 눈처럼 밝혀졌다. 더러는 한쪽 눈만 희미하게 켜지고, 그나마 한쪽 눈은 불이 꺼진 채 인사동 거리는 게슴츠레하다.

3월의 오후 7시가 조금 지나자, 화랑이나 골동품 상점들은 철문을 굳게 닫았다.

여기저기 약간의 필방筆房이나, 다기茶器류의 상점들만 불이 밝혀 있다.

금년('95)은 '미술의 해'인데도 밤이라서인지 외국 관광객들은 발길이 뜸하다. 인사동의 밤엔 발랄한 X세대나 젊은 사람들

* 인사동 : 서울 종로구에 있는 골동품 상가.

은 보기가 힘들다. 그렇다고 주정꾼도 보이지 않는다.

이따금 어깨가 축 처진 보수파 기성세대들이 두셋씩 지나칠 뿐이다.

인사동 사거리에서 안국 지하철역 쪽으로 100미터쯤 거닐다 보면, '귀천歸天'이란 호롱 같은 간판 불빛이 희미하게 보인다.

나 하늘로 돌아가리라
새벽빛 와 닿으면 스러지는
이슬 더불어 손에 손을 잡고,

나 하늘로 돌아가리라
노을빛 함께 단 둘이서
기슭에서 놀다가 구름 손짓하면은,

나 하늘로 돌아가리라
아름다운 이 세상 소풍 끝내는 날,
가서, 아름다웠더라고 말하리라……

밤이면 〈귀천〉이라는 시詩가 더욱 빛나는 거리다.

문득 밤하늘에서 별똥별 같은 천상병千祥炳 시인의 혼불이 날아와서 골목을 기웃기웃 무슨 말인가 몇 말 수떨이다가 하늘로 날아가는 환상을 낳게 하는 시詩의 거리다.

인사동의 밤엔, 온갖 보물들이 가득 묻힌 무덤 같은 착각이

들기 쉽다.

여기저기에서 불 꺼진 철문들이 마치 무덤처럼 보인다.

그 안에는 시가로 환산할 수 없는 도자기나 부장품들이 많이 쌓여 있다.

어두운 골목골목에서는 귀신 씨나락 까먹는 소리가 새어나오고 있다.

어느 무덤인가에서는 삼한시대三韓時代의 사투리까지 들려오는가 싶더니, 또 다른 어느 무덤에서는 삼국시대三國時代의 문물 자랑 싸움에 아까운 골동품 깨지는 환청幻聽으로 내 간뎅이가 싸늘했다.

그뿐 아니다.

궁예弓裔, 견훤甄萱 시대의 유품들이 거리로 뛰쳐나와 서로 자랑하기도 하다가, 진짜로 큰 고려시대高麗時代의 청자 항아리들이 밤을 빛내는 바람에 거리는 이따금 조용해지기도 했다.

그런가 하면 저쪽 무덤에서는 조선조朝鮮朝 백자 항아리가 어두움을 환히 밝히는 듯 나를 황홀한 생각에 빠지게도 했다.

그밖에 여기저기 필방에서 동양 최고급 장액모필獐腋毛筆들이 매달려 눈길을 끌었다.

겨드랑 밑에 털이 붓털로 뽑혀 나간 백여우가 불빛 뒤에 어둔 골목으로 사라지는 듯도 싶었다.

옆 골목에서 느닷없이 휴지쪽 한 장을 몰고 나온 바람자락이 내 뺨을 스치고 지나갔다.

구름이 흐르는 산과 낚싯대를 드리운 강이 흐르는 산수화山水畵가 내 머릿속에 열리기도 했다.

때마침 인사동 거리에는 '시인 김군자 화랑' 개업 포스터와 플래카드가 보였다.

갑자기 물감 내음이 바람결에 묻어 왔다.

인사동은 동양東洋과 서양西洋, 고전古典과 현대現代가 공존하는 거리다.

이처럼 인사동은, 밤이 오면 을씨년스런 무덤 같은 거리지만, 혼자서 되뇌어 보는 심오한 사고思考의 거리요, 무언의 대화對話로 밤을 지새는 예술의 거리다.

인사동은 때로는 물밑에서 진짜와 가짜가 핏대를 곤두세우며 뒤범벅이 되기도 한다.

옛날에는 엿장수 목판에서 엿값으로 사들인 골동품들이 하루아침에 수백만 원, 수천만 원대로 팔리지만 겉으로는 조용한 신사의 거리다.

이런 시절에는 인심이 후하여 상점주인들이 고객들에게 찻잔 한 개씩을 선물로 주기도 했다고 한다.

인사동은 옛날부터 수도 없이 많은 벼락부자들을 탄생시킨 거리다.

때로는 수도 없이 많은 재산을 탕진시킨 거리로서 양면성을 가진 상업의 거리이기도 하다.

그런가 하면, 인사동은 을사보호조약乙巳保護條約의 폐기 상소의 뜻을 이루지 못한 충정忠正 민영환閔泳煥이 이승을 떠나게 된 곳이기도 하다.

1905년 11월 4일 새벽에, 국민과 각국 공사에게 고하는 유서를 남기고 단도로 자결한 곳이다.

종교보다도 깊고 거룩한 분노의 핏자국 자리가 오늘밤도 봄비에 젖고 있었다.

인사동의 밤은 예술의 대화와 상업의 대화 그리고 애국의 대화로 깊어만 가고 있었다.

인사동의 밤은 사색思索의 시간을 마음놓고 던져두어도 좋은 거리다.

명동 야화明洞 夜話

세계화의 파도에 물을 먹고 흔들리는 명동의 밤거리.

그러나 파문도 일지 않는 신토불이身土不二의 간판은 세계화의 물살 위에서 명멸하는 네온을 따라 어디론가 흘러만 가고 있다.

유행이라면 벌거벗는 것도 사양치 않는다는 명동거리엔 제주도 유채꽃보다도 먼저 봄이 오는 곳인가.

한국의 봄은 서울의 명동거리에서 시작하나 보다.

명동 밤거리는 옛날에 있었다는 풍경은 찾을 길이 없이 변해 있다.

20대를 중심으로 완전히 신세대의 거리로 변했다.

그들의 눈빛에는 낭만이 없다. 그들의 대화에는 예술이 없다.

무엇인가 초조하고 바쁜 눈짓들이다.

책을 옆에 끼고 다니는 모습은 보기 힘든 곳이다.

오직 유행이라는 바람만 세차게 불고 있다. 그래서 명동은 철저하게 미인의 거리다.

얼굴 화장술이 뛰어나고 옷차림도 TV 광고에서 나오는 초미니 각선미가 눈길을 끌어, 동서양을 구분하기 어려울 정도로 세계적인 수준이다.

더러는 청바지로 청년문화의 멋과 풋풋한 향기가 물씬 풍기는 캐주얼지대다.

우선 세계화라는 말이 실감나는 것은 세계 경제, 세계 상품의 진열 말고도 프랑스 파리에서 일어나는 유행의 바람이나 한국의 서울에서 일어나는 유행의 바람이 거의 동시적이라는 것이다.

한편 낭만을 즐기던 시인, 화가들이 단골로 모여들었다던 명동 '갈채다방'은 빌딩 숲 사이사이로 아스라이 여운만 맴돌 뿐이다.

옛날에 정중동이었던 명동의 밤거리가 지금은 동중정으로 변했다.

명동 야화는 모든 것이 빠른 속도로 변모해 가고 있지만 한 줄기 역사의 진리는 여전히 도도하게 흐르고 있다.

그것은 지금도, 앞으로도 영원히 명동을 일깨우는 '성당의 종소리'다

명동성당은 한국 최초로 건립된 최대의 건물로 대지 5천 평

에 건평 4천여 평으로 세워진 고딕식 건물이다.

이 건물은 고종 29년(1892)에 조선교구 9대 교구장인 뮤델 주교가 천주교도의 박해가 없어지자 천주교의 본산으로 착공하였는데, 프랑스의 전쟁으로 재정난에 봉착하여 한때 중단되었다가 1898년에 완공되었고, 지금은 서울교구와 전국의 교구를 관할하고 있다.

이처럼 명동 야화의 지배적인 사조가 흐르고 있는 그 근원의 뿌리가 명동성당인 것이다.

따라서 지금도 생생하게 기억나는 거리이기도 하다.

8년 전 1987년 6월 15일, 민주화의 투사 피끓는 대학생들과 이에 가담한 시민들이 뭉쳐서 명동성당을 점거하고 농성하던 그 열기가, 특별히 오늘밤 광복 50년 기념 제20회 '명동 봄 대축제'의 애드벌룬과 함께 나부끼고 있다.

8년 전, 그날 오전 10시까지 접수된 성금과 물품은 상상을 초월할 만큼 놀라운 성과였다.

현금 2천 39만원, 미화 48달러, 일화 1천엔, 그밖에 28개 단체와 일반 시민 모두 1천 6백 80명이 많은 성금을 보내온 것으로 발표되었었다.

이러한 것을 보면, 모름지기 명동성당은 민주화의 온상이요 본거지였다고 볼 수 있다.

100년 전에는 반일反日 사상의 온상이었고 오늘날은 독재에 항거하는 민주화를 위한 농성의 보호지였다.

명동은 성당이 들어선 이후로 종교의 사상은 물론이요 뚜렷한 인본주의 사상이 명동 야화의 주류를 이루어 강물로 넘쳐 흐르는 곳이다.

문민정부가 들어선 오늘날에도 겉으로는 조용한 듯하나 안으로는 호시탐탐 정치적 색깔을 가려내는 '정중동'의 야화가 묵묵히 흐르는 곳이다.

신세대들의 눈빛에 낭만이 사라진 대신 시간을 아껴 쓰는 실리주의로 쏠리고 있다.

그들의 대화에는 쇼펜하우어의 명언이 흐르고 있다.

"보통 사람은 시간을 소비하는 데 마음을 쓰고, 재주 있는 사람은 시간을 이용하는 데 마음을 쓴다"는 생활신조가 은연중에 몸에서 풍겨나고 있다.

문득 '아테네 무차지대無車地帶'를 생각나게 하는 밤이다.

유형문화재의 집중률이 세계에서 제일인 그리스 아테네에서 도심都心 2㎢에 앞으로 석 달 동안 차량은 물론, 오토바이도 진입을 금지하는 무차지대를 선정하여 세상의 이목을 끌고 있지 않은가.

이러한 아테네의 결정이 무척 호감이 간다.

아울러 금년 6월에 있을 민선 서울시장에게 바라고 싶은 생각이 일기도 한다.

우리도 서울의 명동을 '명동무차지대'로 결정하여 무공해지대며 이상적인 거리로 만들었으면 좋을 것 같다.

명동무차지대의 빌딩 처마 밑에 '노천 커피 집'이나 가벼운 '노천 카페'를 설치해 놓고 누구나 부담 없이 쉬어가며 문화와 철학을 사색하는 낭만의 거리로, '소극장'이나 '소영화관'이 이루어져서 문화와 상업이 함께 공존하면 좋을 것 같다.

그리고 특별히 세금 혜택을 주어서 찻값이나 술값을 실비로 하여 외국인 관광객이나 서민들에게 봉사하는 멋진 관광지대로 꾸며보았으면 좋을 것 같다.

명동 야화는 동중정, 정중동이 수시로 바뀌면서 흐르고 있는 특수지대이다.

우리 후손들에게 물려줄 민족의 얼이 뿌리 내려진 명동 야화!

내일 아침이면 다시 떠오를 눈부신 태양을 약속하는 청춘의 거리다.

모든 '비판의 자유'가 재수 없이 걸린 '괘씸죄'를 명동거리의 휴지처럼 짓밟으면서 'NO'라는 청년문화를 외치는 밤이다.

우울한 봄

서울지하철 종각역 2번 출입구로 나오면 제일은행 본점 광장으로 이어진다.

그곳은 사계절 아름다운 거리로 가끔 불우이웃 돕기 콘서트가 열리고 군데군데 돌의자가 있어서 때때로 연인끼리 친구끼리 만남의 장소로도 애용되고 있다.

나는 출퇴근 길이 그곳이고 보니 늘 정감을 느끼게 하는 곳이다. 그곳을 지날 때마다 항상 예닐곱 마리의 비둘기가 노닐고 있는 모습을 본다.

어쩌다 내가 모이를 주는 날이면 비둘기 떼가 잿빛으로 모여든다. 종각역 표시탑 위에서 네댓 마리가 날아 내리고, 가로등 위에서도 대여섯 마리가 날아들고, 광장 앞 화단에서도 무더기로 날아 앉는다.

제일은행 본점 정문 양쪽을 장식한 소나무 사이에 살짝 숨어 있던 서너 마리 비둘기가 날아들자 어디선가 순식간에 50여 마리가 내 앞에 엉기덩긴다.

나는 비스킷 하나를 손바닥에 올려 놓고 손가락으로 바스락 으깨어 골고루 뿌렸다. 한참 모이를 먹고 있는 비둘기들을 등지고 한 발짝 돌아서서 다시 모이를 뿌렸더니, 어느새 구름떼처럼 날아와 내 앞 뜨락 위에 여울물살처럼 모꼬진다.

비둘기들은 굶주린 배를 채우기 위해 경쟁적으로 1초를 아끼는 긴박한 상황 속에서도 전혀 다투지를 않는다. 역시 비둘기는 사랑과 평화의 심볼임을 알 수 있다.

"금술은 구구 비둘기……" 이동주李東柱 시인의 시구가 내 입술을 들썩이게 한다. 이 아침, 연백색 아지랑이 일렁이는 뜨락은 비둘기 파닥이는 회은빛 화폭이다. 비둘기의 둥그런 눈빛은 아동복 장식품 단추처럼 아름답다. 청동빛으로 반짝이는 목털과 잿빛 등어리, 회은빛 앞가슴 아래로 색실 같은 빨간 두 발이 수틀 같은 아스팔트 위에 수를 놓는 손빠른 바느질 같다.

나는 비스킷 봉지에서 반절쯤 덜어주고, 남은 반절은 퇴근길 저녁 모이로 주기 위해서 꼭꼭 접었다.

아직도 오싹한 바람 끝은 비둘기 털을 활짝 뒤집고 내 목덜미 속으로 기어든다. 봄바람에 날린 비둘기 몇 마리가 소나무 위를 넘어 〈피맛골〉 쪽으로 사라졌다. 일부 비둘기는 횡단보도 맞은편에 유령처럼 서 있는 구 화신백화점 재건축물 쪽으로 날아갔다.

그 재건축 골조로 그늘진 횡단보도 빨간 신호등 아래에 서 있는 군상들이 어쩐지 으스스했다. 예전 같으면 이맘때쯤 여인들의 옷차림에서 서울의 봄이 성큼 끌려오기 마련인데, IMF 한파가 이처럼 실감날 줄은 몰랐다.

모두가 우울한 표정들이다. 어깨가 축 처졌다. 누구 하나 활짝 웃는 사람이 없다. 암운이 드리운 눈빛에 석고상처럼 아니 중국의 〈천마총〉처럼 적색 신호등에 대기하고 서 있다.

그들은 IMF의 구조조정으로 쫓겨난 실업자들인 것 같다. 앞으로 120만 명이 넘게 실업자로 쏟아진다는 뉴스에 나는 가슴이 두근거렸다. 꺼벙이 같은 키 큰 서울의 빌딩들이 IMF 한파에 거품 빠지는 소리로 술렁거렸다. 서울 종로 한복판 명당자리에 우뚝 솟은 제일은행 본점은 어떻게 될 것인가?

신문, TV에서 보고 들었던 불길한 소문이 번개처럼 머릿속을 지나갔다. 저렇듯 당당하게 서 있던 제일은행 본점이 감히 흔들린다는 것은 아무도 예기치 못했던 일이 아닌가. 가로수의 새싹들은 눈을 감은 채 엎드려 있다.

그 위로 봄하늘이 납덩이처럼 누르고 있다. 나는 무거운 걸음으로 옛날 서울예식장 건물, 지금은 한국투자신탁과 KFC로 변모된 뒷길로 들어섰다. 좁은 골목길에는 크고 작은 간판들이 무겁게 처져 있다.

주인들의 얼굴은 보이지 않지만 간판들만이 서로 핏대를 세우는 아우성 같았다. 이리 오라는 소리 소리가 내 손목을 붙잡고 끌어당기는 것 같았다.

어떤 간판은 너무 세차게 내 옷소매를 끌어당기는 것 같았다. 그 바람에 내 옷이 찢어지는 소리가 마치 비명처럼 환청으로 느껴졌다. 사람들은 우리나라 IMF 한파가 6·25전쟁 때보다도 훨씬 무서운 상황이라고 말들을 하고 있다.

나는 골목 깊숙이 있는 지원빌딩 현관에 이르렀다. 첫 번째 계단을 올라 우편함 속에 들어 있는 편지와 책자를 꺼내들고 계속 5층까지 올랐다. '문예사조 출판부' 간판이 눈에 들어왔다.

'문예사조 출판부'는 나의 안내로 1년 전에 502호를 사무실로 정해 놓고 그 동안 활발하게 일을 해왔는데, 무서운 IMF 한파로 며칠 전 의정부에 있는 신축 자택으로 옮겼다. 여늬때 같으면 복도 벽쪽에 반품으로 쌓였던 책들이 반갑기도 하고 한편 두렵기도 하던 마음이었는데 지금은 모두 실려가고 휑하니 찬 바람이 돈다.

나는 서운한 마음으로 복도를 지나서 내가 일하고 있는 506호 '세기문학 편집실'로 들어섰다. 자리에 앉아 호흡을 고르면서 햇살 쏟아지는 창밖을 내다보았다. 봄비 자국이 지나간 창밖으로 한국투자신탁 건물옥상이 보인다. 그 옥상 난간에 비둘기 한 쌍이 웅크리고 앉아 있다.

아마도 조금 전에 내가 준 모이를 먹고 마실을 나온 것 같았다. 아니 그보다도 내 회색 베레모를 따라와서 우리 사무실

창문으로 나를 들여다보고 있는 것만 같았다.

요즈음 입춘이 지났는데도 봄 같지 않다. 어쩌면 IMF의 가파른 물굽이를 넘기고 있는 고통에서인지도 모른다. 우울한 봄이지만 한가닥 새로운 정권교체에 기대를 해보는 아침이다.

"봄은 태양의 젊은 영부인令夫人!"이라는 어느 시구를 가슴속에 새기면서 우울한 이 봄을 힘차게 딛고 일어서야 하리라고 다짐해 본다.

마지막 남은 지구의 폐 한 조각

지구는 지금 폐肺를 앓고 있다.

가쁜 숨소리가 내 가슴을 억눌러 오고 있다. 지구의 폐장은 구멍이 숭숭 뚫려서 수억 만의 세포가 갈기갈기 찢기고 있다. 지구는 살덩이를 떼이고 피를 토한 채 고열을 앓고 있다. 폐렴으로 만신창이 되었다.

나는 오늘따라 지구의 숨소리가 이렇게도 고르지 못한 줄을 일찍이 느껴보지 못했다. 지구는 그동안 얼마나 많이 참아 왔던가. 금년 여름에는 우리나라만 해도 섭씨 50도에 육박하는 고열을 앓으면서 지구는 잘 견디어 왔다. 갈증에 타 버린 폐 한 쪽이 싹둑 잘린 채 지구는 신음하고 있다.

지구의 신음소리는 온갖 공해에서 일어나는 것이라고 말할 수 있다.

지구의 도처에서 얼마나 많은 산업공해를 내뿜고 있는가. 세계 각국 선진국은 물론이요, 개발도상국의 공장마다에서는 서로 경쟁이라도 하듯이 가스와 연기를 내뿜고 있지 않은가.

논밭에서 과수원에서 사용하는 농약은 얼마나 많은가. 공해는 말할 것도 없으려니와 문제는 산림 벌목이다. 나라마다 사정은 조금씩 다르겠지만 모두가 산림을 훼손시키고 있다. 산업의 발달과 자연의 개척 사업에 따르는 벌목이 말할 수 없이 많을 것으로 알고 있다. 이것은 필요한 벌목이지만 지구는 은연중에 폐렴을 앓게 되는 것이다.

우리들이 흔히 드나드는 식당만 보더라도 지구의 폐 조각들이 여기저기 나뒹굴고 있다. 나무젓가락과 바늘만한 이쑤시개 하나까지도 폐의 한 조각이요, 밥그릇 찬그릇을 올려놓는 통나무 식탁은 더 큰 지구의 폐 한 조각인 것이다.

우리들은 잘 차려진 나무 식탁 위에서 나무젓가락을 놀리면서 맛있는 음식을 즐기지만, 생각하면 지구의 폐 조각을 망가뜨리고 있는 것이나 다름없는 것이다. 이렇게 나무식탁에서 나무젓가락으로 음식을 먹으면서도 피를 뚝뚝 흘리는 지구의 폐를 생각하게 되는 것이다.

이밖에도 가슴 아픈 일이 너무 많다. 거리를 지나다가 보면 아직 지문도 가시지 않은 멀쩡한 목재 가구들이 즐비하게 눈물을 흘리면서 서 있는 것을 볼 수가 있다. 주인을 잃은 그 중고(?) 가구들이 거의 한 달 남짓 비를 맞으면서 환경미화원을 기다리고 있는 것을 보았다.

이것은 돈을 많이 번 사람들이 크고 좋은 새 집으로 이사를 가면서 버린 것이라고 한다. 이유를 들어보면 새 집에 어울리지 않는다는 것이다. 색깔에 권태를 느끼고 모양이 구식이라는 당치 않은 이유로 최고급 가구 일체를 사들인다고 한다. 전에 쓰던 정든 가구는 밤중에 아무도 몰래 길에다 쓰레기처럼 버린다는 것이다.

이러한 것은 마치 푸줏간에서 황소의 간을 숭숭 썰어내는 것처럼 지구의 폐를 칼로 도려내는 이치와 같다고 생각이 되어서 가슴이 뭉클해진다. 뿐만 아니다. 골목을 걷다 보면 빨강색 잉크나 먹물로 '○○신문 사절'이라는 메모가 자주 눈에 뜨인다. 우리 집도 예외는 아니다. 전화로 여러 번 통고를 해도 막무가내다. 여전히 신문이 쌓이고 대금 고지서가 날아온다.

새벽에 조간을 보기 위해서 신문을 펼쳐들면 우수수 광고쪽지가 쏟아진다. 상품광고, 세일광고, 사은대잔치…… 모두가 고급 종이에 컬러로 된 호화판 선전문이지만, 아예 보지도 않고 탈탈 털어서 그대로 버린다. 쓰레기통에서 바스락! 구겨지는 광고쪽지의 비명은 지구의 폐가 찢기는 슬픈 소리가 아니던가.

보지 않는 신문들을 모아다 쌓으면 얼마나 많을까. 아마도 산더미 같을 것이다. 이것은 비단 서울뿐만이 아니리라. 부산, 대구, 광주, 인천 등, 우리나라 방방곡곡에서 보지 않는 신문을 모아 한데 쌓으면 과연 얼마나 높을까. 설악산만큼이나 될까?

신문도 중앙지, 지방지 수없이 발간되고 있다.

요즘에는 시·군까지 확산되었다. 이 얼마나 많은 종이가 소모되고 있는가. 누군가가 통계를 내봄직도 하다. 특히 실발행 부수 공개로 보지 않는 신문을 발간하는 경우가 더욱 많다고 듣고 있다. 또 지하도에 쌓아 놓은 신문이나 인쇄해서 그냥 차로 실어다가 종이공장으로 들어가는 신문은 없는지…….

보지 않는 신문·책·잡지들이 보는 신문이나 책보다 더욱 많다는 것은 쉽게 짐작이 가기도 한다. 이 같은 현상은 우리나라만이 아닐 것이다. 독재국가에서 민주화로 가는 개발도상국들은 우리와 다를 바가 없을 것이 아닌가.

선진국들의 종이 낭비는 말할 것도 없지만, 민주화로 가는 '언론의 자유'라는 강물에 떠내려가야 하는 목재는 어디서 오는 것인가. 마지막 남은 지구의 폐 한 조각! 이것은 아프리카의 벌목에서 오는 목재 핏덩이가 아니던가. 어찌 이 같은 비극이 우리나라뿐이라고 말할 수 있겠는가.

세계 도처에서 지구의 마시막 남은 폐 한 조각을 시로 찢어먹기 경쟁을 하고 있는 것이나 아닐는지. 지구는 기관지염을 앓고 신음하다가 폐첨肺尖이 썩어갔고, 폐저肺底까지 그 아픔은 소리 없이 문드러졌다.

이제 마지막 남은 지구의 폐 한 조각, 아프리카의 삼림을 살리기 위해 우리는 서둘러 경종을 울려야 한다. 그러기 위해서는 공해를 줄이고 샛강 살리기, 새소리, 빗소리, 낙엽 부서지는 소리까지 아끼는 '그린플랜'(녹색운동)이 하루 속히 지구상에 번져가기를 두 손 모아 기원해야 할 아침이라고 생각한다.

도시 속의 모래성

우리나라 도시 속에는 모래성이 많다. 모래성은 바람만 불어도 무너지고, 비만 와도 떠내려가는 무서운 참사를 당하게 된다. 그런데 우리나라 도시 사람들은 설마설마 하면서 모래성에서 살고 있다.

'성수대교'가 무너진 악몽이 사라지기도 전에 꼬리를 물고 또 '삼풍백화점'이 허물어지는 대참사가 일어났다. 삼풍백화점은 오래 전부터 곳곳에 균열이 생겨서 붕괴 위험을 알고도 영업을 강행했다고 한다.

남의 소중한 생명은 아랑곳하지 않고 오로지 돈에만 눈이 어두웠다는 것인가. 5층 바닥에는 철근이 거의 없고 잔해 콘크리트는 모래덩어리였다고 한다. 이래도 되는 것인가. 자다가도 깜짝깜짝 소스라칠 일이다.

사고 일주일 전, 지진이 일듯 흔들렸다고 한다. 또 당일 6월 29일 오전 9시쯤, 5층 식당 바닥에 균열이 생기고 천장에서는 물이 쏟아졌다고 한다. 관리직원들은 "폐장해야 한다"고 건의를 했는데도 회장 측에서는 이를 묵살했다고 한다. 아무리 생각해도 이해가 가지 않는다.

금방 건물이 무너지는데, 금방 사람이 죽어 가는데, 오금이 저려서 어찌 서두르지 않을 수가 있었을까?

겨우 오후 2시에 5층을 폐쇄키로 하고 "이용하지 말라"고 안내 방송을 하였고, 이어서 4시에 직원들이 4, 5층의 매장 건물을 옮겼다고 한다.

그러나 2시간 후, 5시 57분에 우르르 하는 굉음과 함께 3, 4초 만에 그 거대한 건물이 폭삭 내려앉았다고 한다.

이 얼마나 참혹한 일인가. 2시간 간격으로 벌어진 이 과정을 우리는 한번 상상해 보아야 한다.

어머니들이 목숨 걸고 산고産苦를 치르며 얻은 인간의 소중한 생명이 이렇게 내동댕이쳐져도 된단 말인가. 아무리 생각해도 알 수가 없는 일이다.

"무너져도 너무나 골고루 무너진다"는 여론이다. 부실공사로 인한 대형 참사는 이제 우리 생활의 일부가 되어 공존하고 있는 것 같다.

그래서 한 걸음씩 발을 옮겨 디딜 때마다 온몸에 소름이 돋는 것만 같다. 청주 우암아파트 참사, 대구 지하철 폭발사고,

마포 가스폭발 참사에 이어서 이번에는 삼풍백화점 대형사고. 우리는 어떻게 해야 살아남을지…… 살아남아야겠다는 꿈이 욕심스러운 말이 되지나 않을는지.

참사 때마다 부들부들 떨리고 간장을 찢는 비명이 천지를 흔들었다. 차마 눈 뜨고 볼 수 없는 피투성이! 얼굴이 깨지고 가슴이 터지고, 팔 다리가 잘리고, 매연으로 질식되어 숨이 끊어져 가는 참상을 어찌 눈을 뜨고 보아야 하는가. 생각하기조차 무서운 이 현실을 우리는 언제까지 당해야만 하는가.

삼풍백화점 붕괴 앞에 선 우리는 더 이상 할 말이 없다. 성수대교 참상 때, 부실공사자와 건물관리자의 심정들은 어떠했던가. 전 국민의 분노와 불신에 대해서 당국에서는 무어라고 했던가. 다시는 참사가 일어나지 않도록 얼마나 많은 각오와 대책을 수립하였던가.

그러나 갈수록 더 큰 사고가 잇달아 생겨 공포 속의 상처가 아물기도 전에 그 다짐은 물거품으로 지나갔지 않은가.

지금도 성수대교 참상의 잔해는 강바람에 울고 있으며 묵묵히 흐르는 한강물도 서럽도록 흐느끼고 있지 않은가.

책임을 져야 할 관계자들이여! 저 푸르른 하늘에 떠도는 고혼孤魂들의 통곡이 들리지 않는단 말인가.

바람만 불어도 슬프기만한 유가족들의 심정을 한 번이라도 헤아려 보았는가. 비가 와도 슬프고, 꽃이 피어도 서럽고, 이른 아침 태양이 눈부시게 떠올라도 더욱 원통하기만 한 유가족들의 마음을 우리는 어찌해야 하는가. 내가 사랑하는 남편이, 내가 사랑하는 아내가 갑자기 변을 당했다고 하자. 아니, 그보다도 온갖 정성과 사랑을 바쳐 키워 온 내 아들 딸이 죽었다고 생각할 때, 한 시인들 잊을 수가 있겠는가.

유가족들이 고통으로 산다는 것을 생각할 때 어찌 우리가 똑바로 고개를 들 수가 있겠는가. 이런 일 저런 일을 생각할 때 도시인들은 슬픔과 불안과 초조와 절망이 앞을 가로막아 살 수가 없는 것이다.

우리가 살고 있는 아파트가 언제 무너질까? 우리가 건너다니는 다리가 언제 물 속으로 폭삭 주저앉을지? 우리가 타고 다니는 지하철이 언제 불이 날지? 우리가 찾아다니는 백화점들이 언제 붕괴될지? 우리의 아들 딸들이 다니는 학교가 언제 무너질지? 알 수가 없는 불안정한 생활이다.

이제야말로 모두가 시골로, 농촌으로 가서 움막 치고 살아야 할까 보다. 더 이상 도시 속의 모래성에서는 살 수가 없을 것 같다.

그러나 농촌에서는 먹고 살기가 더욱 어렵지 않은가.

오늘도 정부 당국자들은 뻔뻔스런 얼굴로 "이젠 다시는 참사가 없도록 하겠다."는 다짐을 하고 있다. 이 말을 믿을 사람이 몇 사람이나 될 것인가. 삼풍백화점의 비극이 지나면 또 언제 어디서 어떤 형태의 참사가 일어날지, 우리는 마음 졸이면서 살아야만 하는가.

그렇다고 비관만 하고 있을 수는 없다. 전국의 도시 속의 모래성을 찾아서 하루 속히 철거해야 한다.

그리고 앞으로는 아무리 돈이 탐나더라도 절대로 모래성을 쌓지 말아야 한다.

화가畵家가 물감을 아끼면 그 그림은 곧 퇴색하고 만다. 하물며 건물은 거대한 작품이다. 자재를 충분히 쓰지 않는 건물이 어찌 보존될 것인가.

바라건대 어떤 작품이든 내 살 한 점 보태는 마음으로 심혈을 기울여야 후세에 길이길이 빛나는 작품이 되리라고 본다.

삼풍백화점 참사 고혼 앞에 삼가 명복을 빈다.

풍다風多의 사랑에 흔들리는 능수매화

능문능필能文能筆의 신비神秘!

능라금수綾羅錦繡의 화폭畵幅!

자연의 신비인가. 신神의 장난인가.

하늘에서 내리는 능청부리는 꽃비.

이곳이 제주시 한림읍 협재리 '한림공원'이라네.

1996년, 우리 부부가 제주에서 사는 부부문인 오영태 수필가와 엄영자 시인의 초대를 받아 갔을 때, 마음을 빼앗긴 능수매화 꽃밭이다.

기가 막혀서! 위를 올려다보니, 능수매화가 꽃비처럼 내려와 내 눈빛을 어르고 있었다.

처음으로 느껴보는 환희였다.

드문드문 서 있는 둥구나무를 에두른 능수매화 가지는 길게 늘어져 깔깔대는 웃음이다가 기쁨에 겨운 흐느낌이었다.

제주 햇살에 번득이는 능수매화의 율격律格은 한시漢詩의 명작이요 바닷바람에 능청거림은 대자연의 세레나데였다.

사람의 마음을 순간적으로 파격破格시키는 솜씨 또한 능소능대能小能大로 실신失神거리게 하였다.

문득 바닷바람에 묻어 오는 이수익의 시詩 〈옛집〉이 떠올랐다.

"늙은 퇴기退妓 흰 모시옷 입고/ 서늘하게 툇마루에 나앉아 있다/ 몸은 노쇠했지만 젊은 날의 법도法度는/ 고스란히 남아 기품을 이룬/ 저 깨끗한 노후老後의 절제節制 위에/ 퇴락한 고가古家 한 채 서 있다"

내게 이러한 시상詩想을 떠올리게 하는 것은, 퇴기退妓의 법도法度와 절제節製가 어쩌면 능수매화의 노련한 이미지에서 느껴지는 환유법換喻法 시상詩想일지도 모르기 때문이다.

능수매화를 뒤로 하고 떠나는 사람들에게 능놀다 가라는 듯 부드러운 손짓과 잔잔한 미소는 옛 품격 높은 기녀妓女들의 풍모였다.

나는 이런저런 생각에서 한동안 서 있었다.

남편은 나보다도 더 심한 능청이가 되어 제주의 풍다風多로 풍선처럼 떠다녔다.

"고창 선운사禪雲寺에 가면, 상사화相思花가 있는데, 색은 붉고 암벽을 타고 오르면서 꽃이 피는데, 제주의 능수매화는 꽃비로 흩뿌리는 듯이 한층 멋쟁이구만. 분위기가 시적詩的인데……."

속삭이듯 귓전을 맴도는 소리에 뒤돌아보니 아무도 없고, 한참만에 눈에 띈 남편은 젊은 여인女人들의 곡선미曲線美에 시선이 가 있었다.

하기야 풍다風多, 여다女多, 석다石多, 삼다도三多道의 제주에 왔는데, 기왕 왔으니 눈요기로나마 실컷 즐겨보라지…….

한참만에 제주의 하늘이 내 눈에 들어왔다.

한국의 하늘은 세계적인 자랑이라는데 제주의 하늘은 한국의 하늘 중 하늘이었다. 손끝만 대도 금방 푸른 물이 주루룩 쏟아질 것 같은 제주의 샛푸른 하늘. 그 하늘 아래 능수매화의 흩뿌리는 꽃비는 내 마음을 '둥! 둥!' 어디론가 떠내려가게 하고 있었다.

청풍淸風으로 살랑대는 제주도의 꽃바람! 바다처럼 샛푸른 제주도의 하늘! 멀리서 취해 있는 수평선水平線! 그 사이사이에서 능청거리는 능수매화의 운율韻律!

오늘은 나도 이 아름다운 '한림공원'에서 한껏 취해 보는 행운의 날이었다.

정녕 내 가슴에 영혼으로 기억될 능수매화는 신곡神曲으로 울리는 듯한 율격과, 풍다風多의 연정戀情에 흔들리는 사랑법法을 감지하는 날이 되었다.

그때 그 시절

- 산벚꽃 필 무렵

사춘기에 이른 산자락! 산벚꽃 반사로 4월의 하늘이 불그레한 미소로 내 마음을 울렁거리게 하던 그 산벚꽃 필 무렵을 나는 잊을 수가 없다.

내가 사춘기 때, 봄이 오면 전주 완산칠봉이나 다가산 일대 산자락은 온통 산벚꽃으로 눈이 부셨다.

전북 도청에 다닐 때다. 토요일 오후, 같은 사무실에서 근무하던 친구 김영순 양과 함께 완산칠봉 산벚꽃을 찾아 나섰던 추억이 아직도 눈에 선하다. 영순이는 가끔 영시英詩를 손수 번역하여 나에게 보여주기도 했다.

어느 토요일, 완산칠봉 산벚꽃을 찾아 완산초등학교 앞을 지나갈 때다. 얼마쯤 걸어가는데, 인기척에 뒤돌아보는 순간 '찰칵!' 싱긋이 미소를 보내며 도청출입기자 L씨의 카메라에 인화될 뻔했던 기억이 새삼 떠오르기도 한다.

한참 예쁜 나이, 우리들의 얼굴빛보다도 한결 아름다운 엷은 홍색 산벚꽃은 산형화서繖形花序로 피어 절세가인絕世佳人이 무색했다.

산벚꽃의 절정에 기가 꺾인 친구와 나는 때로 도청회의실 한켠에서 탁구를 즐기기도 했다. 그렇게 2년 남짓 우리는 깊은 우정에 빠져 있었다.

그러던 어느 날, 영순이는 갑자기 이화여자대학교 영문과에 입학하여 서울로 떠났다. 나는 청천벽력 같은 충격으로 신음신음 가슴을 앓다가,

"그래? 그럼 나도 가야지."

작심을 하고, 원광대학에 적籍을 두게 되었다.

지금은 고인이 된 지 수십 년이 되었지만, 시인 이동주李東柱 선생의 시론詩論 강의를 비롯하여, 이학영李學榮 교수에게 소설작법 지도를 받았던 나의 문학수업 시대가 새삼 가슴 뭉클하다.

그 후, 산벚꽃 필 무렵이면 나는 외기러기가 되어 쓸쓸하기만 했다. 그러던 어느 날 흑기사가 나타났다. 연상의 남자 친구 J를 알게 되었다.

산벚꽃 필 무렵, 내 친구 영순이 대신 J와 함께 시간을 많이 갖게 되었다. 그 때만 해도 1950년대 후반이어서 전주는 친환경 도시로 청정공기에 하늘이 유리알처럼 맑았다.

완산칠봉 오르는 길은 좁다란 오솔길이었고, 신흥학교 뒷산

으로 가는 길은 풀어진 허리끈 같은 언덕으로 넘어가는 샛길이 즐거웠다.

J는 매일같이 퇴근시간 5분 전이면, 만나자는 사연을 꽃잎이나 비행기 모양으로 접은 메모지를 보내거나 전화가 빗발쳤다. 친구 영순이가 빠져나간 멍 뚫린 가슴에 J가 메꾸어 가고 있었다.

매일처럼 퇴근 후에는 제과소製菓所에서 만나고, 노을이 지면 중국집 '경회루'에서 저녁을 먹고 외상장부에 달아놓고, 극장이나 산책에 나섰다. 어쩌다 하루만 통신이 두절되면 퇴근시간이 허전하여 불안과 초조감에 싸였다.

어언 J와 나는 문학을 즐기는 대화로 좋은 친구가 되었다. 해마다 산벚꽃을 찾아다니다가 어느 사이에 가슴 속에 지남철이 들어앉았다.

전주천 물이 맑게 흐르고 하늘이 슬프도록 아름다운 4월 어느 날 밤에, 신흥학교 뒷산 산벚꽃을 찾아 나섰다. 그곳에는 우리가 유달리 좋아하던 가장 오래된 산벚꽃 나무가 있었다. V자 모양으로 키가 훌쩍 25m에 이르는 큰 나무다.

보름달이 눈이 시리게 비쳐주는 산벚꽃에 취해 우리는 감탄을 연발하면서 V자 나뭇가지에 기대서서 밤이 이슥하도록 이야기를 끊일 줄을 몰랐다. 특히 J는 이야기가 많았다. 어떻게 그런 많은 이야기가 별처럼 쏟아지는지, 듣고 있노라면 금세 달콤한 영화 한 편이 스쳐가곤 했다. 그 때만 해도 평화로운 시대로 밤늦게까지 데이트가 자유로운 시절이었다.

그 날 우리는 오래도록 사랑의 이야기로 발전되어 분위기는 사뭇 깊은 강물처럼 흘렀다. 달은 휘영청 밝고 인기척도 뜸했다. 서로가 말없는 사이에 가슴 속에서 지남철 기운이 바늘에 닿아 작동하려는 듯한 위태로운 찰나, 나는 파르르 떨리는 굳은 심장으로 V자 산벚꽃 나무 가지에 등을 기대고 준비된 힘으로 지남철 기운을 차단 또는 보류하기에 온갖 지혜를 동원하곤 했다.

내 친구가 서울로 떠난 그 이듬해 가을밤이었다.

밤기러기가 전주 하늘에 찾아왔다. 산벚꽃 필 무렵, 봄 하늘에서는 기러기가 북중학교 하늘쪽으로 날아갔다. 그 때 밤기러기의 비상을 보며 내가 비극의 상징적 이야기를 하자, J는 밤기러기에 대한 이야기를 자상하게 들려주었다.

"기러기는 기쁜 소식이나 슬픈 소식을 입에 물어다 전달하는 상징적 철새"라 했고 밤기러기는 이별의 상징이라 말하기도 했다.

"한국에는 가을에 왔다가, 봄에 북쪽으로 떠나가는 철새" 라고 말하면서 슬픔과 기쁨이 오가는 밤기러기 이야기로 밤이 깊어갔다.

J는 기러기에 대한 애절한 이야기를 덧붙였다.

박목월의 시 〈이별의 노래〉에서는 "기러기 울어예는 하늘 구만리……"라 했고, 조선 후기, 이정보의 시조에서는 "외기러기 소리에 잠 못 이뤄 하노라" 했는데, 마치 그날 밤 전주 하늘을 날아가는 밤기러기를 보고 읊은 시詩 같아 마음은 더욱 물

결처럼 흔들렸고 애정愛情은 수심水深처럼 깊어갔다.

우리는 그렇게 산벚꽃 필 무렵에 만난 인연으로 지금까지 잘 살고 있다.

해마다 4월이 산벚꽃은 엷은 홍색으로 우리의 사랑을 상징하듯 아름답게 피워주고 6월이면 사랑의 결실처럼 핵과로 검게 여물어서 이웃들에게 기쁨을 주고 있지 않은가.

앞으로 산벚꽃 필 무렵이 오면, 좋은 날 받아서 전주 신흥학교 뒷산을 찾아 나설 것이다. 그때 그 시절, 우리들의 사랑이 자라던 그 V자 산벚꽃 나무가 아직도 그대로 보존되어 있는지 꼭 한 번 찾아갈 것이다.

백제바람 부는 북한산성

백제의 눈빛들은 저러했을까.

백제의 마음들은 저러했을까

백제고대사百濟古代史의 기록문처럼 씻부신 하늘을 한 장 한 장 넘기는 가을바람이 해발 7백 미터가 넘는 석성石城에 앉은 우리들의 땀방울을 씻은 듯 부신 듯 산들거리고 있다.

그동안 북한산성 초입初入 부근 계곡으로 물놀이만 수없이 다녔을 뿐, 석성石城 봉우리에 오르는 꿈을 처음 이루어보니 그 감회가 새롭다.

남편과 나는 가을 석성石城의 산바람에 기분이 상쾌했다.

백제의 영혼이 서린 북한산성의 석성石城은 산山 가슴에 가을하늘을 안고, 고대古代의 숨소리로 산신山神처럼 역사를 말해 주는 듯 싶었다.

북한산성은 무언지는 모르지만 바람결에 여기저기서 고대古代 백제인들의 숨결이 묻어오고 있는 것 같았다.

돌 하나에 숨 쉬는 푸른 이끼도 백제인들의 땀냄새가 배어나는 듯 싶다.

우리 선조 백제인들이 만졌던 그 돌을 백제의 유전자遺傳子로 태어난 내가 지금 만지고 있는지도 모르는 일이 아닌가 하는 생각이 머릿속에 전자파처럼 스쳤다.

이 작은 돌에서 푸른 이끼가 숨 쉬고 있다는 것을 곰곰이 생각해 볼 때 아득한 옛날 우리 백제 선조들의 손때 묻은 포자胞子의 생명체인지도 모른다는 생각에 오묘한 자연의 섭리가 신기하기만 했다.

나는 이 작은 돌에서 자라고 있는 포자의 생명체인 이끼를 가만히 내 코에 대어보고 숨도 쉬어보고, 한참을 내 손 안에서 따뜻한 사랑과 체온으로 정을 주고 받으며 잠시 백제인이 되어 앉아 있으니, 갑자기 오래된 기억이 떠올랐다.

한때 남편이 사두봉신화蛇頭峰神話 연작시 집필 중에 자료를 얻기 위해 여기저기 정신없이 무엇인가를 찾고 다녔던 생각이 떠올랐다.

북한산성은 북쪽에서 내려오는 고구려의 남진南進을 막아 백제를 지키기에 방어선으로 가장 좋고, 또 신라新羅에서 올라오는 북진北進을 막아 백제를 지키기에도 역시 가장 좋은 방어선으로 요충지要衝地의 산세가 아닌가 하는 생각이 들었다.

이 북한산성은 고대古代 백제시대에 처음으로 쌓아올린 것을 조선朝鮮 숙종 대代에 와서 다시 대규모로 쌓아 더욱 튼튼하게 키우고 넓혔다. 총 길이가 11km에 이르는 석성石城으로 해발 700m가 넘는 최고 산악지대에 조성되었다는 역사적 사료로 전해진 성城으로 알고 있다

고려高麗 때나 조선朝鮮 시대에는 외침을 막기 위해 본격적으로 개축되었다는 역사의 기록으로 알 수 있었다.

그 밖에 전쟁이 일어나면 임금은 측근들을 데리고 피신하기 위하여 성내城內에 행궁行宮을 설치하였다는 역사에 의해 행궁터나 그 흔적을 찾아보았지만 전혀 알 길이 없었다.

다만 가을바람에 나부끼는 쓸쓸한 산국山菊 만이 세월의 무상無常함을 글썽이는 듯 싶었다.

여기저기 걸리적거리는 칡넝쿨은 산성을 헤매는 우리의 발길이 무의미하다는 듯이 발목을 잡아끌며 칙살스럽게 얼기설겼다.

북한산성은 우리를 백제사의 고대사적古代史的 자료와 백제신화 같은 역사 속으로 조용히 인도해 주었고 많은 사적史的 자료를 체득케 하였다.

어느덧 산 너머로 해가 기운 북한산은 예나 지금이나 백제바람으로 시원하게 불고 있는 듯 싶었다.

■ 연보

• 약력

본명 김정희

1934년	전북 남원 출생
1961년	원광대학교 국문학과 졸업

• 문단 약력

1960년	〈평화신문〉 수필발표로 문학 활동
1961년	〈전북일보〉 신춘문예 소설로 등단
1998년~현재	지구문학 발행인 겸 주간
2007년~현재	(사)한국문인협회 이사

• 저서

1987년	김동길 외 63인의≪고독한 영혼과의 대화≫ 수필집 공저(창우사)
1987년	≪사랑과 진실의 눈빛으로≫ 수필집 공저(교음사)
1987년	≪진실이 머무는 창가에 서서≫ 수필집 공저(교음사)
1990년	≪물빛 같은 그대 헤아리다가≫ 한국여류수필선집(3)(교음사)
1991년	테마 에세이 ≪외박≫ 공저
1993년	≪대바람소리≫ 수상집(창우사)
1995년	≪해를 보고 걷는 연인들≫ 선집(교음사)

2002년	≪갈대밭 산조≫ 수필집(지구문학)
2007년	≪風多의 사랑에 흔들리는 능수매화≫ 수필집(한누리미디어)
2007년	≪달밤의 妖精≫ 콩트집(한누리미디어)

•書壇 약력

1982년	九堂 이범재 선생으로부터 사사 받음
1986년	'86예술대제전 四君子 特選
1988년	제6회 한국미술제 四君子 大賞
1986년	'전북예술회관' 개인전 (1986. 7. 4.~7. 8.)
1986년	예총회관 개관기념 86文協 詩書畵展 出品 (1986. 9. 10.~9. 14.)
1988년	世宗文化會館 서울올림픽 凡市民參與 詩書畵展 出品 (1988. 9. 14.~9. 15.)
1990년	安養文化藝術會館 無依託老人돕기 慈善書畵展 (1990. 12. 10.~12. 14.)
1991년	全北藝術會館 宣教墨蘭招待展 (1991. 2. 2.~2. 7.)
1992년	南原新聞 서울分室 不遇이웃돕기 墨蘭屛風展 (1992. 1. 16~1. 18.)
1993년	과천은파선교교회 : 필리핀, 바기오, 크리스챤 미션센타, 建立特別宣教聖句墨蘭招待展 (1993. 4. 16.~4. 17.)
1993년	1994년도 墨蘭聖句 月曆製作 (1993. 8.) 柳井商社

1993년	宣教聖句墨蘭招待展 (은석교회 1993. 10. 14.~10. 15.)
1993년	1993年版 女流詩人集 第 17卷 〈白春〉 題字 씀 (日本 葵詩書畵財團 判)
1994년	1994年版 女流詩人集 第 18卷 〈砂棗〉 題字 씀 (日本 葵詩書畵財團 判)
1994년	운현궁美術會館 文藝思潮名畵待展 出品 (1994. 9. 3.~9. 6.)
1994년	第13回 日韓親善美術交流展 (1994. 10. 14.~10. 16.)
1997년	金始原 墨蘭展 (예총회관 1997. 7. 2~7. 6.)

현대수필가 100인선 · 71
김시원 수필선

대바람소리

초판인쇄 | 2010년 8월 25일
초판발행 | 2010년 8월 31일

지은이 | 김 시 원
펴낸이 | 서 정 환
펴낸곳 | 좋은수필사

주 소 | 서울시 종로구 익선동 30-6
운현신화타워 빌딩 3층 305호
전 화 | 02)3675-5635, 063)275-4000
등 록 | 1984년 8월 17일 제28호
홈페이지 | http://www.shinapub.com
e-mail | essay321@hanmail.net

값 7,000원

ISBN 978-89-5925-340-1 04810
ISBN 978-89-5925-247-3 (전 100권)